Crianza con Apego
De la teoría a la práctica

Sandra Ramírez

DEDICATORIA

A mi esposo Alfonso y a mi hijo Julián

AGRADECIMIENTOS

A mi esposo Alfonso por su continuo apoyo y por sus consejos.

A mis hermanas, padres y amigas por animarme a escribir este libro.

A Alejandra Carrión, mi artista favorita, por la ilustración de la portada y a Kim Carter por crear las ilustraciones contenidas adentro.

A la comunidad *Crianza con Apego: De la teoría a la práctica* de Facebook por seguirme a diario y por ser los motivadores de este libro.

A las crisis y dificultades de la vida, pues es a partir de esos momentos cuando surge la iniciativa y la creatividad.

INDICE

La arquitectura del cerebro
El estrés tóxico
¿Qué necesitan los bebés?
El lenguaje secreto de los bebés
Señales físicas de los bebés

TERCERA PARTE: Otras consideraciones importantes

El conductismo: un mal legado
El castigo corporal
Los riesgos de los métodos conductistas
Métodos conductistas populares
Castigo versus consecuencias naturales
La disciplina como sustantivo, no como verbo
El trabajo preventivo
Los 5 elementos de una crianza sin castigos
Berrinches y rabietas

La importancia del juego libre
El juego exploratorio
El rol del juego simbólico e imitativo
Acompañar sin dirigir o interferir
Creando contextos apropiados
Juguetes que favorecen el despliegue de la creatividad
Libros y cuentos
La expresión artística y la creatividad

La exploración
El contexto
El contenido

Introducción

Nunca antes en la historia de la humanidad se ha estudiado tanto a la crianza y el desarrollo infantil. Hoy en día, los avances tecnológicos ofrecen la posibilidad de estudiar las complejidades del cerebro y su funcionamiento a nivel celular. La tecnología ha permitido a los científicos corroborar cada aspecto de la teoría del apego de Bowlby, publicada a finales de los años cincuenta , la cual marcó el inicio de una era en la que se reconoce que el tipo de crianza que los padres practican con sus hijos influye directamente en su desarrollo social, emocional , físico y psicológico. La información tan amplia y poderosa nos ayuda a comprender los efectos de nuestras prácticas de crianza en la salud y en el desarrollo cerebral, permitiéndonos así tomar las decisiones adecuadas para ofrecer a nuestros hijos el mejor chance de una vida feliz y exitosa.

Los primeros tres años de vida son considerados los años más importantes en desarrollo de un ser humano, pues es durante este tiempo que las capacidades de confianza, de empatía y de afección se originan. Es también durante los primeros dos años de vida cuando el cerebro humano experimenta un crecimiento acelerado, en comparación al resto de la vida. Este proceso de crecimiento consume mucha más cantidad de energía que cualquier otra etapa en la vida y requiere no solo de los nutrientes suficientes para abastecer ese crecimiento, sino que también requiere de experiencias interpersonales óptimas para lograr madurar a su máximo potencial. Durante este periodo, el cerebro se concentra en el desarrollo del hemisferio derecho el cual está relacionado con el sistema nervioso, controlador de las funciones vitales de supervivencia y de regulación del estrés. El hemisferio derecho también incluye el sistema límbico, el cual es el centro de las emociones además del hipocampo y la amígdala, relacionadas con la memoria y la regulación de emociones.

La corteza cerebral añade un 70% de su masa después del nacimiento y en los primeros tres años alcanza un 90% de su tamaño permanente. Es por eso que los bebés nacen con cabezas proporcionalmente más grandes que sus cuerpos, y es por eso que los pediatras miden la circunferencia de la cabeza cada vez que toca un chequeo. Es el músculo que más rápido crece los primeros tres años de vida, y por lo tanto, el que más cuidado merece.

El cerebro infantil en pleno crecimiento se ve afectado por el ambiente y por la genética. Los dos interactúan constantemente y de manera bi-direccional. Con la ayuda de tecnologías tales como la resonancia electromagnética, los encefalogramas y las tomografías, hoy en día es posible estudiar esa interacción. Los estudios han demostrado consistentemente que el estrés y el trauma, producto de las malas experiencias sociales y ambientales, deterioran el cerebro infantil mientras que las relaciones de apego sanas promueven su desarrollo.

Las necesidades de los bebés deben ser satisfechas a través de la relación con al menos un adulto. Los estudios, sin embargo, nos dicen que estas necesidades van más allá de las básicas (alimento y sueño) sino que están íntimamente relacionadas con el mundo emocional. Los bebés no pueden regularse a sí mismos. A pesar de haber nacido con la capacidad de sentir emociones muy profundas, los bebés no pueden mantenerse en un estado emocional equilibrado sin la ayuda de los adultos. Tampoco tienen la habilidad de regular la intensidad ni la duración de esas emociones. Sin la asistencia y el monitoreo de un cuidador adulto, los bebés pueden sentirse ahogados en sus emociones (miedo, ansiedad, tristeza, etc.) y para poder salir de ese ahogo emocional, necesitan una relación consistente y comprometida con por lo menos un adulto. Como se imaginará, los estudios muestran que la persona más indicada para cumplir con las demandas de un bebé es la madre, pues está dotada de las estructuras biológicas e instintivas que le permiten satisfacer las demandas de su cría. Sin embargo, el padre u otro adulto responsable, cariñoso y comprometido puede de igual manera satisfacerlas.

La ciencia confirma consistentemente que los bebés se desarrollan de mejor manera en ambientes sensibles a sus necesidades. En la sociedad actual, la crianza con apego basada en la teoría científica de Bowlby, es todavía percibida como una opción más de crianza. Sin embargo, lo que el común de la gente no sabe es que más allá de las opciones, existe una inmensa cantidad de evidencia científica a favor de la elección de este estilo de crianza, una evidencia ante la cual ningún otro estilo de crianza puede competir.

En términos generales, la crianza con apego es una crianza sensible a las necesidades del bebé, respetando su individualidad y desarrollo espontáneo. Implica conectarse con el bebé, con sus señales y con las expresiones espontáneas de su personalidad. Estas interacciones respetuosas son los cimientos en los cuales restan sus futuras interacciones sociales con otros individuos. Cuando la conexión del bebé con su madre, padre (o ambos) es armoniosa, los dos (o tres) experimentarán emociones positivas. Si esas interacciones no están bien sintonizadas, entonces el bebé mostrará señales de estrés, caracterizada por el llanto, que indica la necesidad de re-conectarse y de armonizar la relación.

Desde el punto de vista científico, la crianza con apego un estilo con suficiente evidencia a favor, que ofrece la mayor probabilidad de un desarrollo cerebral óptimo y un desarrollo psicológico y social sano. Desde el punto de vista ético, la crianza con apego es una responsabilidad social. Ya no podemos aludir a la vieja excusa de: "los hijos vienen sin manual de instrucciones" pues hoy en día tenemos la información a nuestra disposición para tomar las mejores decisiones con respecto a la crianza. Es nuestra responsabilidad informarnos y ser críticos de los consejos que recibamos tanto de amigos, familiares o incluso de aquellos profesionales de la salud que no se actualizan, ni argumentan su repertorio de consejos con datos científicos.

Como se habrá dado cuenta, la crianza con apego es sin lugar a duda una crianza involucrada. El tener tiempo con nuestros hijos es indispensable para poder practicarla. Esto para muchos resulta un inconveniente pues una crianza que demanda tiempo es incompatible con las demandas de la sociedad actual en donde muchas familias se ven en la necesidad de que ambos padres trabajen para abastecer sus necesidades económicas. La crianza con apego también resulta incompatible con nuestras propias infancias pues la mayoría de nosotros no fuimos criados bajo este paradigma, de manera que no se nos viene natural criar de esta manera. Tenemos muchas ideas preconcebidas sobre la crianza basada en nuestras experiencias como hijos, en las experiencias de otros y en los mitos sociales.

A pesar de los obstáculos, la inversión que hacemos al cambiar de paradigma y al dedicar tiempo a nuestros hijos es quizás la inversión más importante que tengamos que hacer en nuestra vida. Los primeros años de la vida de nuestros bebés son la etapa más importante porque el cerebro está en su etapa más vulnerable y de más rápido crecimiento. Sin embargo, no es la única etapa en la que el desarrollo del cerebro puede ser alterado. El cerebro es flexible, complejo y es un órgano que está en constante estado de aprendizaje. La aceptación de sus circunstancias actuales, la flexibilidad, el consumo de información con juicio crítico, y el equilibrio entre su vida familiar, laboral y social serán los elementos claves para que la práctica de la crianza con apego le traiga experiencias muy enriquecedoras, creando al mismo tiempo el mejor ambiente posible para sus hijos.

Le invito entonces a ser parte de este cambio de paradigma a través de la lectura de este libro. Utilizando la evidencia científica como base de todo tema, exploraremos las prácticas de crianza que se asocian con un óptimo desarrollo cerebral y con un sano desarrollo social y psicológico. Finalmente, como parte del proceso de adquirir un nuevo paradigma de crianza, iremos poco a poco alisando el camino empedrado de mitos y consejos infundados que recibimos de la sociedad. Espero que los argumentos científicos presentados en este libro sean lo suficientemente convincentes y motivadores como para animarlo a usted a compartir esta información con la gente a su alrededor. Las sociedades más sólidas son aquellas que invierten sus recursos en prevenir los problemas sociales y no en resolverlos. El hogar es, sin duda, el primer lugar donde se fundan las bases para una sociedad sana y pacífica. Por lo tanto, al influenciar los hogares a su alrededor, usted está siendo parte de una importante y necesaria transformación social.

PRIMERA PARTE: Crianza Consciente

"El inconsciente se asegura de que nos parezcamos

a la familia, repitiendo patrones".

-Gemma Pitarch

Capítulo I.
Reflexiones importantes

"Cambiando tu historia personal, cambias la historia de tus hijos, a la par tus hijos cambian la historia de sus hijos, así sus hijos cambian la historia de sus abuelos"
-Teodoro Esquivel-

La influencia de la crianza en la sociedad

Nadie puede criar dentro de una burbuja, pues todo lo que pase en nuestro hogar afecta a la sociedad. Si cada generación de padres hiciera un mejor trabajo de criar que la generación anterior, hoy no estaría escribiendo este libro. Desafortunadamente, todavía nos falta mucho por aprender. Vivimos en una sociedad en la que nos contentamos gastando mucho dinero para arreglar los problemas en vez de prevenirlos. El estrés y la rutina nos hacen a menudo olvidar el rol muy importante que tenemos en la prevención de epidemias sociales que están a la orden del día.

En las sociedades donde los estilos de crianza autoritarios son prevalentes, existe, por lo general, un gran índice de violencia. En los Estados Unidos, por ejemplo, los índices de enfermedad mental y encarcelación son muy altos. Se reportan más de tres millones de casos de abuso infantil cada año. Los profesionales de la salud tanto en los Estados Unidos como en otros países del primer mundo son testigos de un aumento incontrolable de casos de depresión, ansiedad, trastornos de déficit de atención e hiperactividad, desórdenes de la conducta y otros desórdenes emocionales, físicos y conductuales.

Algo está pasando en la sociedad que afecta de sobremanera a los niños. La pregunta es: ¿qué está pasando y por qué? Muchos expertos dicen que esta crisis en las sociedades está relacionada con una profunda falta de conexión de los niños con sus padres y con su comunidad. Este sentimiento prevalece entre los niños y adolescentes con problemas de tipo mental sin importar sus razas, clases sociales y religiones.

Muchos psiquiatras, psicólogos, educadores y médicos a nivel mundial estamos empezando a luchar por una solución social que lejos de ser una solución rápida, parece ser la única vía segura. Hoy por hoy, muchos profesionales de la salud y de las ciencias humanas creemos que la clave para prevenir problemas de tipo mental, emocional, físico y social está en el vínculo de apego que los niños establecen con sus padres y que posteriormente transfieren a la sociedad.

Los que practicamos la crianza con apego estamos seguros de dos cosas: 1) El responder a las necesidades físicas y emocionales de un bebé o niño inmediata y sensiblemente lleva a la creación de vínculos de apego seguros, y 2) Los niños con vínculos de apego seguros son más felices, más sanos y, por lo tanto, más capaces de contribuir positivamente a la sociedad.

En términos generales, un niño que ha establecido un apego seguro es un niño que ha formado dentro de sí un sistema de seguridad interior que le permite proceder con plenitud y confianza a la siguiente etapa de su desarrollo. El vínculo de apego establecido con la madre, padre o cuidador, se extiende luego a los hermanos y otros familiares, a los amigos, compañeros y profesores, y en un futuro, a la propia pareja e hijos. Podemos originar cambios muy importantes en la sociedad del futuro si actuamos hoy como padres cariñosos, empáticos, y conscientes de nuestros instintos. Los lazos de cariño y apego se fortalecen en casa cuando los padres inteligentemente eligen un estilo de crianza sensitiva y respetuosa. Estas familias fuertes y estables, a su vez, enriquecen a la sociedad que las rodea. Si todas las familias fueran así, ¡imagínese que sólida sociedad la que tendríamos!

La influencia de la sociedad en los padres

Leerá mucho en este libro acerca de la opción, pues como muchas cosas en la vida, la crianza también está llena decisiones y de opciones. Las opciones que tenemos como padres son muchas y diferentes en cada familia. Cada actitud que presentemos hacia la vida se basa en las decisiones que tomemos a partir de las opciones que disponemos. Tomamos decisiones acerca de cómo interpretar lo que nos ocurre y acerca de cómo responder ante todo lo que hacen nuestros hijos. De hecho, la primera noche de nacido su bebé usted ya se enfrenta con su primera decisión y con dos opciones a partir de las cuales puede elegir. La primera opción es quejarse y torcer los ojos cada vez que su bebé se despierta por la noche mientras su pareja duerme plácidamente. Esta opción implica levantarse de su cama con mucha mala gana y al ver a su bebé decirle: "¿Otra vez quieres comer? ! ¡Pero si recién comiste! ¡Ya duérmete que necesito dormir!". La segunda opción es entender que no será una noche como las de antes , de manera que al despertarse lo primero que le dirá a su bebé sonaría algo así: "¡Hola! ¡Ya era hora que tengas hambre!

¿Ve la diferencia de actitud entre estas dos reacciones? El cómo criamos a nuestros hijos mucho dependerá de nuestras prioridades, de nuestras creencias sociales y religiosas, pero sobre todo de la reflexión constante que hagamos en el proceso de la crianza.

Más allá del amor incondicional y de la bendición que son los hijos, tenemos que reconocer que ser padres es para incomodarse pues implica algunos sacrificios. Es un trabajo duro que requiere de mucha atención y energía. Si hizo su trabajo bien, usted será recompensado. Sus hijos velarán por usted cuando usted sea anciano no solo como agradecimiento a todo lo que usted hizo por ellos sino también porque querrán estar cerca de usted y porque su compañía les es agradable. Los padres de hoy, abuelos del mañana, harán con sus hijos aquello que se hizo con ellos. La vida está llena de ciclos y cadenas que se repiten. Esto lo vemos a cada rato en la naturaleza, desde el ciclo del agua hasta el ciclo de vida de una mariposa.

Cuando se trata de la crianza, los estudios reflejan que la sociedad se ha manejado en base a cadenas por siglos. Con las mejores intenciones, todos los padres criamos a nuestros hijos con el mismo molde con el que fuimos criados. Esa es la realidad. ¿Pero qué hay de malo en eso? , usted se preguntará. No habría nada de malo si ese ciclo de crianza estuviera centrado en las necesidades básicas y evolutivas de los bebés y niños. Desafortunadamente, no ha sido así.

A lo largo de estos últimos cien años, la meta de las culturas occidentales ha sido formar seres humanos que se adapten a las necesidades de los adultos y de la sociedad. Si el niño no se comporta como adulto, viene enseguida la vergüenza de los padres, la misma que resulta en reprimendas. Esta visión ilógica acerca de lo que se espera de los niños hace que ellos se vean a sí mismos como incapaces de guiar su propia vida, sus comportamientos y opiniones. Crecen pensando que algo externo (sus padres, la escuela, los amigos) están más capacitados para guiar sus vidas. El resultado de esto es una cultura de personas que viven constantemente buscando la aprobación de otros; seres humanos cuyas depresiones y desdichas se basan en la búsqueda externa de aceptación mientras en el proceso se pierden el disfrute de una seguridad que guíe sus vidas desde adentro.

Estos son algunos ejemplos de cómo la sociedad ha moldeado nuestra visión acerca de la crianza de los niños:

- En relación al parto- se ha hecho creer a las madres que solo los doctores están capacitados para recibir a un bebé, así el parto sea normal y sin complicaciones. Como consecuencia, no cuestionamos qué se nos hace en los hospitales. A final de cuentas los doctores son los "únicos" que nos pueden ayudar para minimizar el dolor ¿verdad? Pagaríamos lo que sea para evitar los dolores del parto que tan mala fama tienen en las novelas, películas y medios de comunicación.

- En relación a las necesidades básicas del bebé- dado que se piensa que el llanto es la única manera de comunicación del bebé, se ignoran sus otras señales de hambre, de atención y de malestar de manera que el bebé se resigna a recurrir al llanto como la única manera en la que mamá responde a sus necesidades (una mamá además "obediente" pues hace lo que el doctor le dice).

- En relación al aprendizaje- al ser constantemente corregidos, los niños pierden la fe en sí mismos. Se vuelven inseguros y con una constante necesidad de atención y aprobación.

- En relación al juego- si el niño prefiere jugar solo, la sociedad ha programado a los padres a pensar que eso está mal. Los padres por ende fuerzan a sus hijos a jugar con otros y a compartir sus juguetes incluso a una edad en la que no están lo suficientemente maduros para hacerlo.

- En relación al dormir- se niega a los bebés su necesidad básica de dormir cerca de sus madres tanto en los hospitales como en casa. Después de unos años, si el niño se pasa a la cama o si quiere todavía dormir con sus padres, la sociedad ha programado a esos padres a pensar que eso es un problema. ¡Ni se lo cuenten a la psicóloga de la escuela!

A pesar de todas las ideas preconcebidas que tenemos como influencia de la sociedad en que vivimos, cada uno de nosotros tenemos el poder de la reflexión y de la decisión. Tenemos la opción de dejarnos llevar por la moda o la corriente, como también tenemos la opción de reflexionar para lograr ser padres sensatos y justos. La sociedad de hoy necesita una generación de padres lúcidos que sean capaces de romper con cadenas negativas de crianza para así dar paso a una nueva cadena, esta vez de seguridad, felicidad y mejores vínculos entre padres e hijos.

Yo salí bien. ¿Por qué no criar como me criaron?

Todos tenemos una historia y un bagaje. Muchos de nosotros tenemos recuerdos muy lindos sobre nuestra infancia y por lo general tuvimos padres que respondieron efectivamente a nuestras necesidades y nos dieron una familia lo suficientemente coherente y organizada. Algunos de nosotros, sin embargo, también recordamos partes frustrantes de nuestra infancia. Por ejemplo, cuando nuestros padres no se comportaban de manera predecible o cuando nos asustaban con sus reacciones irracionales. Otros han tenido la experiencia de la separación de sus padres o de vivir solo con mamá o solo con papá e incluso otros han tenido la experiencia de vivir con los dos pero en un hogar con poca interacción entre pareja y/o con padres que mostraban poco interés en sus hijos. Desafortunadamente, también hay quienes que han tenido la peor de las experiencias; aquellas relacionadas con la desorganización familiar y con el abuso físico y/o emocional.

Las experiencias que hayamos tenido en la infancia influencian de gran manera nuestra forma de criar y de entender lo que significa la crianza. Por lo general, los humanos tenemos la tendencia de criar a nuestros hijos de la manera en que nos criaron. Estas cadenas de crianza se repiten a través de los años. Sus hijos recordarán las cosas que usted como madre o padre hacía y así el ciclo continuará. ¿Se acuerda haber llorado muchas veces por la noche porque le daba miedo la oscuridad? ¿Qué hacían sus padres al respecto? ¿Recuerda que hacían para reprenderlo? Quizás una nalgada en el pompis o quien sabe le quitaban sus juguetes u otros privilegios. Todas estas experiencias dejan una impresión en su mente que inconscientemente servirán de modelo al nosotros volvernos padres.

Así es como se repite un ciclo negativo de crianza: los niños están constantemente observando lo que les rodea y aprendiendo de ello. Los padres somos su marco de referencia, lo primero que conocen y, por lo tanto, no se cuestionan si nuestras conductas son apropiadas o no. Aquello que hagamos los padres, ante los ojos de los niños (especialmente los más pequeños) será válido, sin importar que sea. Ahora bien, si los niños aprenden observando, es obvio que el patrón de conductas que seguirá un niño en sus próximos años dependerá en gran medida de lo que vean en casa. De ahí la frase tan conocida "de tal palo, tal astilla". Si un niño ve que sus padres critican a cualquier persona por algún defecto, aprenderá que lo correcto es criticar a los demás; si ve que sus padres ayudan a la vecina a llevar las compras, aprenderá que lo correcto es ayudar al que lo necesita; si ve que sus padres se comunican a gritos e insultos, aprenderá a comunicarse de esa manera.

Hasta que entendamos exactamente cómo nos hemos estado desempeñando de modo inconsciente, nuestra tendencia será el no querer abrirnos a la posibilidad de criar a nuestros hijos con ideales totalmente diferentes a los que hemos conocido. Como lo dije anteriormente, la meta de la crianza por mucho tiempo ha sido el acostumbrar a los hijos a amoldarse a un mundo adulto, a ganarse nuestra aprobación y a sufrir en el intento.

Con todo esto que acabo de decir sobre no repetir patrones de crianza, de ninguna manera pretendo que usted corra a donde sus padres para reprocharles las cosas que "hicieron mal" al criarle a usted y/o a sus hermanos. No me malentienda. No es nuestra responsabilidad el validar o invalidar la manera de criar de otras personas, incluso de nuestros padres. Con algunas excepciones, todos los padres del mundo hacen lo que mejor pueden dadas sus circunstancias y dentro de lo que cada uno ha aprendido o ha escuchado sobre la crianza. Por ejemplo, algunas personas piensan que es mejor dejar llorar a los niños porque así se fortalecen sus pulmones. Si eso es lo que se piensa, seguramente el dejar llorar a los niños será interpretado como una buena práctica por un determinado grupo de padres o una determinada subcultura mientras que otros padres pensarán que eso constituye un maltrato emocional. Tanto en el mundo como en la crianza hay tantas ideas y estilos, como culturas y subculturas. A pesar de la variedad, sin embargo, algo que es común entre casi todas las culturas del mundo es la estructura jerárquica de los roles familiares.

Tradicionalmente, la crianza se ha manejado de una manera jerárquica donde los padres controlan a los hijos desde arriba. Dado que los niños son inocentes, chiquitos y no saben lo todo lo que nosotros sí sabemos, nos sentimos en pleno derecho de controlarlos. De hecho, estamos tan acostumbrados a esta jerarquía que ni siquiera se nos ocurre que tal vez esa estructura de crianza no es la mejor ni para nosotros ni para ellos. Una estructura horizontal en la familia no es sinónimo de permisividad, ni implica que debamos ser "amigos" de nuestros hijos. Mucho se usa esa frase para implicar que al ser "amigos" de los hijos, éstos no obedecen a una autoridad en casa. La verdad es que no es posible ser amigos de nuestros hijos porque la amistad es un tipo de relación que solo es posible entre personas con la misma capacidad madurativa. No he conocido hasta ahora una persona de treinta años que sea amiga de un bebé de nueve meses, ni tampoco una persona de veinte años que quiera salir de fiesta con alguien de diez.

La relación que un adulto tiene con un bebé o con un niño nunca podrá ser una relación amistosa, sino una relación parental o de protección debido a que existe un sentimiento de responsabilidad que no existe en otras relaciones. Por ejemplo, con nuestras parejas tenemos una relación amorosa, con los amigos tenemos una llevamos una relación amistosa y con nuestros compañeros de trabajo y jefes llevamos una relación profesional (aunque a veces se los promueve de compañeros a amigos o algo más). Tenemos también relaciones especiales con un tío o un primo, que no es necesariamente igual a la relación con otro tío u otro primo. Cada relación es diferente y aquella que se da entre nosotros y nuestros hijos nunca podrá ser nada más ni nada menos que una relación parental ,pues eso es lo que somos: sus padres. El único denominador común entre todas las relaciones interpersonales es el respeto entre los dos individuos involucrados.

Los padres no solo tenemos la responsabilidad de velar por la seguridad, la salud y el sano desarrollo de nuestros hijos, sino además tenemos la responsabilidad ética de hacerlo de manera respetuosa. Si no respetamos su individualidad y su esencia humana, nuestra relación con ellos deja de ser una relación parental armoniosa y se convierte en una relación de poder.

En una estructura horizontal o no jerárquica, los padres somos la autoridad ante los ojos de sus hijos y tenemos un poder mucho más grande y efectivo que el de inspirar miedo. Una estructura no jerárquica implica dejar nuestro sentido de superioridad y nuestro ego de lado, pues eso nos permite conectarnos pura y profundamente con nuestros hijos. Una vez que aprendamos a no ocultarnos detrás de una imagen de superioridad, nos será mucho más fácil relacionarnos con nuestros hijos y ofrecerles nuestro "yo" genuino y real. Recuerde, el llevar una relación no jerárquica con nuestros hijos no implica que seamos permisivos, ni que estemos permitiendo ser "manipulados" por ellos. Todo lo contrario, al igual que todos los otros padres, aquellos que decidimos no ser autoritarios encontramos maneras sensibles y apropiadas de enseñar a nuestros hijos a manejarse en la vida dentro de parámetros impuestos por otros (los padres, la escuela y la sociedad). Como en toda familia, los padres que nos inscribimos bajo este tipo de estructura horizontal sabemos que los límites son importantes y que nos corresponde ser los primeros en presentárselos a nuestros hijos de manera justificada.

Poco a poco iremos descifrando cómo establecer relaciones horizontales con nuestros hijos sin que eso signifique perder nuestra autoridad de padres. A medida que lea este libro (si no está familiarizado con la crianza con apego), usted se dará cuenta que las prácticas propuestas son muy diferentes a las que usted ha visto en los programas de televisión, en su círculo social e incluso en su familia. Esto es porque las prácticas más comunes de crianza en las culturas occidentales han sido influenciadas mayoritariamente por un determinado tipo de "expertos" norteamericanos como el Dr. Spock o el Dr. Ferber o incluso europeos como el Dr. Estivill de España que nos han vendido sus teorías conductistas de crianza. Seguro sus intenciones no fueron malas, sin embargo, cuando se inventan métodos con poco fundamento científico las consecuencias pueden ser perjudiciales.

Hay otros tipos de expertos como el Dr. Carlos González de España, por ejemplo, o Rosa Jové, que han escrito libros de crianza en base no solo a su visión y experiencia profesional, sino también en base a las investigaciones científicas y estadísticas. De este buen tipo de expertos lamentablemente hay muy pocos. La mayoría nos han vendido sus filosofías de crianza las cuales hemos aceptado y adoptado sin cuestionar. Ahora usted se preguntará: ¿Y no es usted (la autora de este libro) "experta" también? ¿Por qué tengo que creerle a usted y no a los otros "expertos"? La respuesta es simple. No soy experta. Soy psicóloga escolar y educadora. He investigado y estudiado la crianza y el desarrollo de los niños por muchos años y tengo experiencias profesionales relacionadas, pero eso no me hace "experta". Soy madre de un hermoso niño pero este libro no está basado en mi experiencia personal como madre. Este libro está basado en la evidencia científica y en la investigación. Esa es la principal diferencia entre este libro y otros libros de "expertos". Otros han escrito y han aconsejado desde su cabeza, su experiencia, su visión y convicción. Yo escribo desde la ciencia, los estudios y la investigación.

Al igual que en otros campos de las ciencias humanas, en el área de la crianza los científicos también han podido estudiar efectos a largo plazo de las diferentes prácticas de crianza. Sin embargo, aún después de analizar los resultados e identificar las tendencias, los científicos concluyen que no existe una fórmula perfecta de crianza que resulte en niños cien por ciento educados, amables, inteligentes, felices, obedientes, sutiles, dulces, generosos y muchas otras cualidades más. De haber tal receta todos estuviéramos siguiéndola al pie de la letra ¿no le parece? Cada padre y madre es diferente y cada bebé viene a este mundo con su propia personalidad. Incluso dentro de una misma familia y criados de la misma manera, los hermanos pueden resultar siendo muy diferentes. Por eso, no espere que este libro le dé la fórmula perfecta. Siento decepcionar al lector si eso es lo que esperaba. Lo que sí le ofrezco en estas páginas es una recopilación de las investigaciones que le ayudarán a tomar mejores decisiones y le permitirán liberarse de muchos mitos que han mantenido a nuestra sociedad estancada en un ciclo de insensibilidad hacia los seres más vulnerables de este planeta, los bebés.

Las sombras del pasado

A pesar de que a nadie nos gusta admitirlo, todos empezamos criando inconscientemente. Muchos padres estamos tan a la defensiva, que una palabra acerca de nuestro estilo de criar basta para provocarnos. Nos cerramos a las opiniones de otros porque tenemos ideas preconcebidas acerca de aquellos que practican una crianza menos convencional. Ante tanta lluvia de información, la mayoría de nosotros tendemos a pescar aquellas filosofías que confirman, justifiquen y que se asemejen a nuestra experiencia, para entonces apropiarnos de ella. Rechazamos lo nuevo o aquello que nos es poco familiar porque aceptarlo significaría admitir que de alguna manera lo hemos estado haciendo "mal". Sin embargo, es justamente en esos procesos inconscientes y en aquellos de absoluta negación donde reposan las cadenas negativas de crianza.

Si fuimos pegados de niños y somos ahora seres relativamente exitosos tendemos a pensar que lo uno no tiene que ver con lo otro. Justificamos a nuestros padres por haberlo hecho y calificamos a la agresión como una práctica aceptable basándonos en el hecho de que hoy en día "estamos bien" en el sentido de que no somos delincuentes ni estamos en un centro psiquiátrico. La verdad, sin embargo, es esta: resulta imposible saber cómo sería el presente y el futuro de alguien sin la influencia de haber recibido castigos físicos. El "hubiera" no existe pues nunca se dio. Sin embargo, lo que sí existe y es evidente son las secuelas de la agresión pues de haber "salido bien" en realidad, no justificaríamos la agresión física ni tampoco la calificaríamos como aceptable.

Una persona que "sale bien" es alguien que empatiza con la víctima y no justifica al agresor. Una persona que "sale bien" debería poder romper con un ciclo de castigos físicos y de dolor. En una persona emocionalmente estable, el recuerdo de la agresión debería ser suficiente motivación para romper con ese ciclo doloroso. Objetivamente hablando, si alguien le pega a usted, hoy, en su trabajo o en un bar por la noche, seguro no calificaría ese acto como aceptable. Todos sabemos que es inaceptable agredir a los animales, a los ancianos y a la pareja, pero de alguna manera justificamos ilógicamente la agresión hacia los niños. ¿Se da cuenta del disparate que esto implica? No tiene sentido lógico ni ético. De la misma manera, sabemos que no debemos usar palabras derogatorias con nuestras parejas, pero sin embargo, las utilizamos con nuestros hijos todo el tiempo en nuestro afán de "disciplinarlos". Si usted vivió la agresión de pequeño (verbal y/o física), su inconsciente le puede estar haciendo una mala jugada al convencerlo que un mismo acto es aceptable con unos pero no con otros.

Nuestros hijos, lamentablemente, son quienes pagan el precio de nuestra resistencia a cambiar o a hacer más consciente la manera en la que criamos. Al no enfrentar nuestras propias sombras del pasado, les estamos legando a las nuevas generaciones nuestras expectativas no cumplidas y nuestros sueños frustrados. Más allá de nuestras buenas intenciones, al no concientizar nuestra crianza estamos esclavizando a nuestros hijos con la herencia emocional recibida de nuestros padres, y a través de ella, les transferimos toda la legacía emocional dolorosa de nuestros ancestros. La naturaleza de lo inconsciente es tal que seguirá pasando de generación en generación hasta el día en que finalmente sea metabolizada. Solo a través de la concientización y la conciliación de las heridas podremos finalmente terminar con una cadena de dolor que se arrastra de generación en generación

Capítulo II.
La transición

"Las especies que sobreviven no son las más fuertes, ni las más rápidas, ni las más inteligentes; sino aquellas que se adaptan mejor al cambio".
- Charles Darwin-

Los hijos: una decisión primero y una bendición después

Si este libro está en sus manos, me imagino que es por una de estas tres razones: o bien está planeando ser padre o madre, o bien tiene un bebé en camino o bien ya es padre o madre y está buscando una guía. Este libro es el regalo perfecto para una pareja de padres expectantes, pues habrá muchas reflexiones, y conversaciones que serán propuestas aquí que requerirán algo de tiempo y tiempo es justamente lo que menos se tiene una vez que ya nace el bebé. Sin embargo, habrá capítulos y párrafos a los que usted querrá volver a leer, pues le serán de utilidad a medida que va conociendo a su bebé.

Antes de lanzarnos a la aventura que es la crianza, permítame primero felicitarle por haber tomado la decisión de ser padres. Ciertamente el tener hijos es una opción. Nadie nos obliga a traer un ser humano a este mundo que de por sí ya está muy poblado. No pretendo ofender ninguna sensibilidad con estas palabras muy poco románticas, pero ese es mi estilo. Las cosas por lo que son. Los hijos son una decisión primero y una bendición segundo. Si usted es una persona religiosa y con una gran fe, seguramente las líneas anteriores le hicieron sentir algo incómodo. Estamos muy acostumbrados en nuestra sociedad a asumir que toda pareja debe formar una familia. Rara vez pensamos que ser padres es una opción de cada pareja. Sin embargo, esta distinción es muy importante pues tenemos la opción de tener hijos como de no tenerlos, y la opción de tener uno como de tener cinco.

Nadie niega que cada hijo es una bendición de Dios y que el amor que sentimos por ellos es infinito. Sin embargo, al ver a un hijo como un regalo mandado por un ser divino y omnipotente estamos discretamente desligándonos de nuestra consciente contribución en la creación de ese ser. Todos sabemos que en realidad los bebés no llegan con la cigüeña, ni son mágicamente mandados por Dios. Llegan como producto de un acto sexual exitoso (desde el punto de vista biológico). Nótese que dije "acto sexual" no "acto de amor", pues al parecer la naturaleza no incluyó al amor en la lista de ingredientes indispensables para la reproducción. Lo que si incluyó, sin embargo, es el instinto maternal de proteger y el instinto del bebé de ser protegido. Al ser un recién nacido un ser muy dependiente y vulnerable, la naturaleza sabia nos creó a las madres con herramientas biológicas que garantizan la supervivencia de nuestras crías.

Es muy importante poner las cosas así de crudas y sin religiosidades de por medio porque solo así nuestras mentes se alistan para analizar nuestro rol de padres más allá del romanticismo que se crea alrededor de una carita tierna y de una foto artística de caras sonrientes en la que se muestra a la familia perfecta o al bebé perfecto. Poniéndolo aún más simple, la llegada de un bebé es una oportunidad que nos hemos dado nosotros mismos en la vida para hacer las cosas bien. Es una oportunidad para generar mucha más unión tanto en la pareja como en la familia extendida. Más allá de las felicitaciones y la atención que la noticia recibe, sin embargo, a la hora de la verdad, estamos solo nosotros con nuestros hijos y la transición que se experimenta al pasar de ser una pareja, a ser una familia, puede ser abrumadora.

El matrimonio después del primer hijo

La llegada de un nuevo miembro a nuestro hogar es sin duda una de las etapas más celebradas y más esperadas por muchas parejas y sus familias. Los padres expectantes procuran tenerlo todo listo en preparación a la venida del nuevo miembro: cuna, mecedora, ropita de bebé, pañales, sonajeros y biberones. Sin embargo, si en algo están de acuerdo los consejeros y terapistas familiares, es que la llegada del primer hijo también viene acompañada de mucho estrés y es una de las etapas más vulnerables dentro del ciclo de vida de un matrimonio.

Entre el ajetreo, la alegría, la novedad y el estrés, los futuros padres se olvidan de prepararse mentalmente para tan drástico cambio. Para la pareja que ve nacer a su primer hijo, este cambio es uno de los más grandes que se experimentan dentro de una relación marital. Cuando nace un bebé, la pareja deja de ser lo que era antes. Su relación no es necesariamente peor, ni mejor, sino diferente. Pasan de ser pareja, a ser familia. Las familias de ambos padres se fusionan inconscientemente con el nacimiento de un ser que es el más puro y sagrado resultado de la consumación del amor (en la mayoría de los casos) entre dos seres.

Con la llegada de un bebé, viene también la unión de dos familias, dos sistemas de costumbres, dos estilos de crianza, dos moldes en base a los cuales se perfila la crianza de un nuevo ser. Se experimentan nuevos conflictos que anteriormente no se vislumbraban. Si los pleitos en el periodo pre-hijos eran por motivos sexuales, sociales, de celos o de tipo económico, ahora se añadirán los conflictos relacionados con la crianza, con las opiniones de las dos familias en relación a la crianza y con las responsabilidades de cada uno con respecto al cuidado del bebé. Las quejas o inconformidades que se tenían acerca de la pareja antes de la venida del primer hijo se sumarán a otras quejas, esta vez relacionadas con el cuidado y crianza del bebé. Algunas preocupaciones de antes serán reemplazadas por otro tipo de preocupaciones. La esposa que antes añoraba más atención de su esposo, quizás ahora busque espacios donde pueda estar sola. El esposo que antes buscaba más intimidad, quizás ahora preferirá reemplazar la intimidad por unos minutos más de sueño. La dinámica familiar cambia y la perspectiva hacia la vida es otra.

Al cabo de algunos meses de la llegada del primer hijo (y en algunos casos cerca del año), la pareja entra en una etapa muy vulnerable donde ambos se empiezan a cuestionar muchas cosas acerca de sus vidas. Esto frecuentemente sucede porque antes de la venida del bebé, los padres idealizamos una familia perfecta con un bebé divino y angelical. Queremos fotografías perfectas para compartirlas con todos tanto en casa como en las redes sociales, pero detrás de aquella foto hay unos padres cansados y a veces en conflicto, que darían lo que fuera para dormir un poco más. El desear más descanso y el recordar con ilusión la vida más cómoda que se tenía antes, no significa que no amemos a nuestros hijos con todo nuestro ser. Hay que darse el permiso de ser honesto con uno mismo.

En ese proceso de cambio, nuestra mente deambula por otras latitudes intentando procesar nuestros nuevos roles y responsabilidades. Nuestra relación de pareja se vuelve a configurar. La percepción que tenemos acerca de nuestra pareja se reconstruye después del primer hijo para incluir nuestra opinión acerca de su nuevo rol de padre o madre. Poco a poco vamos añadiendo piezas al rompecabezas de nuestra nueva relación hasta poder finalmente ubicar las últimas piezas. Mientras tanto, aquel cambio tan brusco que fue convertirse en padre o madre de la noche a la mañana nos hace volar por otras latitudes o realidades alternativas. En aquellas latitudes que nuestra mente construye cabe espacio para la confusión y la incertidumbre. De repente nos preguntamos si hicimos lo correcto en casarnos, en tener hijos y en llevar la vida que llevamos.

En esta etapa muy vulnerable todo puede pasar. En el mejor de los casos la familia se une más y ese amor se refuerza gracias a la buena comunicación que siempre ha tenido la pareja. En el peor de los casos, la familia se destruye pues la pareja no pudo sobrellevar las tensiones que acompañan la llegada de un nuevo miembro. En esta etapa vulnerable es muy común que la pareja busque aprobación de otros fuera del círculo familiar. Las mujeres que después de un parto se sienten menos atractivas son más propensas a buscar aceptación y piropos de otros hombres que no sean sus esposos. Los esposos pueden llegar a sentirse alienados, al ver que sus esposas entregan toda su energía y su tiempo al cuidado del bebé. Eso los hace más propensos a buscar a alguien que les de la atención que anhelan.

Pero no se asuste. No es mi intención ser negativa, mi intención es ayudarle a prevenir los conflictos, pues eso le beneficiará directamente a su bebé. Las tendencias son solo eso y no significa que todos estos conflictos de pareja le vayan a suceder a usted. Es importante tener en mente que en momentos de estrés y de cansancio es cuando las personas más tendemos a tomar malas decisiones. Sin embargo, a diferencia de otras personas, usted ya tiene el poder de la información. El simple hecho que esté leyendo este libro lo hace una persona más preparada para sobrellevar cualquier dificultad. Las parejas que superan las tensiones normales características de esta etapa son aquellas que se comunican y que perciben una dificultad o desacuerdo como una oportunidad para aprender y para crecer juntos, más no como una crisis.

Conversas sobre el pasado

Hemos dicho que inevitablemente todos heredamos un modelo de crianza el cual está basado en nuestras experiencias de la infancia. Sabemos que hay estilos de crianza diferentes y que todos los padres hacen lo mejor que puedan dadas sus circunstancias, educación, sabiduría y experiencia. Unos padres son más fríos y severos; otros son más cálidos y comprensivos. Sea cual fuere el estilo con el que usted fue criado, cuando tenga su primer hijo, tendrá que enfrentarse con sus primeras reflexiones. Si lo que quiere es darles a sus hijos el mejor chance de ser exitosos en la vida, es necesario que usted ponga de parte para que su reflexión resulte en un cambio positivo. Entonces, ¿cómo empezar este proceso?

Para romper con un ciclo repetitivo de crianza, es necesaria una reflexión que genere un cambio consciente. El cambio consiste en mantener lo que consideramos positivo sobre la manera en la que fuimos criados y en eliminar lo negativo. Esto lo hacemos paulatinamente y en la medida en la que se van presentando las cosas que requieren una decisión.

Para un buen comienzo de este proceso es imprescindible conversar con su pareja acerca de sus infancias para ver en dónde están las similitudes y las diferencias entre las maneras en que fueron criados. Después de haberse reído un poco con su pareja, concéntrese en aquellos aspectos de la crianza que podrían resultar problemáticos. Por ejemplo, si usted considera que una nalgada de vez en cuando es necesario mientras que su pareja considera que no existe la necesidad de reprimendas físicas, esto será un tema potencialmente problemático y conviene conversarlo <u>antes</u> de que se presente una situación que requiera una reprimenda. A veces no existe el tiempo para discutir y llegar a un acuerdo en el medio de una situación pues muchas situaciones con nuestros hijos requieren una respuesta inmediata. Le servirá mucho entonces encontrar los temas donde haya desacuerdos entre pareja de manera que al presentarse una situación, estén más preparados para presentar un frente unificado ante sus hijos donde no quede lugar para la duda o la posible malinterpretación o confusión de parte de ellos.

Cabe aclarar que es imposible anticipar todas las situaciones y es aún más utópico el pretender estar listos para responder eficaz y apropiadamente en todo momento. Lo que sí es posible, sin embargo, es que la pareja adopte una filosofía de crianza que guíe su manera de reaccionar y de solucionar las diferentes situaciones. Esto es similar a un arquitecto que construye una maqueta para tener una buena y clara idea de la ubicación de los cimientos y poder anticipar donde se deberá reforzar los puntos débiles de una construcción.

Otro paso importante en este proceso es recordar que los primeros tres a cinco años son los más importantes en la vida de un ser humano porque dejan una impresión en nuestra psicología que nos sirve de guía el resto de nuestras vidas. Esos primeros años no se recuperan. Sin embargo, esto no significa que para ser buenos padres tenemos que olvidarnos de nosotros mismos, darnos a nuestro hijo a tiempo completo y renunciar al trabajo. Si usted tiene el privilegio de dejar de trabajar para ser madre o padre a tiempo completo, pues le felicito por tener esa suerte y por la decisión de quedarse en casa. Es una inversión muy valiosa la que usted está haciendo. Si por el contrario sus hijos pasan una buena parte del día con sus abuelas, en la guardería, o con una niñera, le recomiendo que establezcan con aquellos cuidadores una filosofía de crianza común.

Si usted está de acuerdo con lo que se propone en este libro, sería una excelente idea compartirlo con aquellas personas. Si aquellas personas no tienen el tiempo para leerlo, sería bueno, por lo menos, conversar regularmente sobre las diferentes secciones de este libro que consideren más importantes. La constante reflexión y comunicación tanto entre pareja como con las otras personas que son parte de la vida de nuestros hijos, es uno de los factores más importantes que influyen en el éxito de la crianza. A continuación le damos unas pautas para ayudarle a iniciar este proceso de reflexión.

Contacto físico, desnudez y lactancia

Una reflexión muy necesaria antes de explorar el estilo de crianza propuesto en este libro tiene que ver con sus opiniones y sentimientos acerca del contacto físico, la desnudez y la lactancia. Muchos de nosotros no crecimos en ambientes familiares con mucho contacto físico y expresiones de cariño entre padres o entre padres e hijos. Esto influirá mucho ahora que usted es padre o madre. El estilo de crianza que se propone en este libro está muy íntimamente ligado al contacto físico y al contacto piel a piel con su bebé.

Si durante su niñez usted no tuvo un ambiente donde la desnudez era común o aceptable, o si usted se siente incómoda con la desnudez, entonces le será muy difícil amamantar a su bebé cuando se lo demande aún si no está en su propia casa. No siempre podrá "esconderse" para amamantar a su bebé. Por eso, en vez de estar constantemente preocupada sobre la disponibilidad de lugares privados en donde pueda dar el pecho, lo mejor es prepararse de antemano y tener la ropa adecuada que permita una lactancia fácil. La mayoría de lugares públicos no cuentan con espacios privados para madres lactantes de manera que sería mejor que siempre lleve consigo un manto o chal o algo parecido, que le permita hacerlo discretamente. Hay mujeres que son más desinhibidas y lo pueden hacer sin cubrirse pues no debería haber nada de malo el exponer los senos ya sea total o parcialmente para amamantar a un bebé. Sabemos, sin embargo, que esta práctica es muy difícil de lograr en nuestra sociedad. Siempre habrá quien la mire, quien la critique e incluso quien la vea como "carne fresca". Ese es el resultado de vivir en una sociedad estratificada y todavía bien machista como la nuestra.

Es lamentable que el amamantar en público cause controversia pero al mismo tiempo no es sorpresa. En nuestro medio, la desnudez se vende y se consume con fines sexuales únicamente. Lo irónico es que en los estratos sociales más bajos de América Latina, el dar el pecho en público es algo que se ve comúnmente en los mercados y otros sitios más populares. La ironía está en que en ese contexto dar el pecho se considera aceptable, mientras que en los estratos sociales más altos todavía se lo considera "vulgar". Una vez que como sociedad cambiemos nuestra manera de pensar acerca de la lactancia, nos será más fácil satisfacer las necesidades de nuestros bebés en todos los estratos sociales y en todos los lugares públicos. Mientras tanto, cada madre hará lo que vea conveniente y lo que le permita sentirse cómoda dentro de su círculo social. Es importante también tener en cuenta las opiniones y visiones de nuestras parejas pues los papás también tienen sus opiniones y limitaciones acerca de aquello que consideran aceptable y lo que no. A algunos les molesta que sus esposas expongan sus senos en público por celos o por evitar enfrentamientos con hombres poco discretos, a otros no les preocupa eso en lo mínimo.

Vida de pareja y vida social

Cuando uno tiene hijos la dinámica de la familia cambia. Los bebés tienen muchas necesidades y es su responsabilidad el satisfacerlas especialmente si usted ha elegido un estilo de crianza respetuosa y consciente como es la crianza con apego. Le parecerá al principio que las necesidades de su bebé son infinitas y que su vida entera se trata de satisfacer a su bebé. Los bebés no tienen horario y no saben que a las dos de la madrugada usted preferiría seguir durmiendo. Le alegrará saber, sin embargo, que el vivir de acuerdo a los principios de la crianza con apego no significa que usted deba dejar de ser usted. De hecho, el balancear sus necesidades con las de su bebé es un acto responsable y es lo que todo padre o madre debería hacer. Los niños necesitan padres emocionalmente saludables. Necesitan padres que valoran su vida social y profesional y que se sienten bien consigo mismos.

El saber que nuestras necesidades adultas han sido satisfechas es lo que nos permite estar disponibles y dispuestos a satisfacer las necesidades de nuestros hijos. Para formar seres humanos conscientes, los niños deben ir aprendiendo poco a poco, a respetar el espacio y las necesidades de sus padres de la misma manera que ellos esperan que sus padres satisfagan las suyas. Se trata simplemente de encontrar un equilibrio. Lo difícil es encontrarlo cuando las emociones que experimentamos los primeros meses son una maraña. Por eso es importante darse a uno mismo el permiso de sentirse feliz y abrumado al mismo tiempo, o de sentirse eficiente y frustrado en cuestión de minutos. El equilibrio es importante en lo social también. Dese el tiempo de reunirse con sus amigas o amigos para hablar de cosas que no estén relacionadas con bebés o de mimarse un poco en la peluquería o en el spa.

Para mantener una sana relación de pareja y mantener el romance y la intimidad, trate de salir al cine o a comer de vez en cuando sin su bebé. Su bebé le agradecerá que lo hagan pues no quiere padres frustrados ni resentidos. Los padres que no toman descansos tienden a ser menos productivos y más intolerantes así que un sabio consejo es que si se siente muy cansado, muy frustrado o nota que se irrita fácilmente, tómelo como señal de que necesita un descanso.

Una de las cosas que ayuda a recargar las baterías de una relación de pareja es admitir que la vida es diferente y que nunca más será como lo fue antes de tener hijos. Eso no significa que su vida nunca más será divertida y espontánea. Simplemente la dinámica familiar ha cambiado y las cosas que antes le parecían divertidas tal vez ya no lo sean. No pasa nada. Una noche larga de conversación, películas, pizza e intimidad con su pareja puede que ya no le parezca tan apetecible como una salida al cine o a un restaurante. Si usted es de los padres que intenta aparentar que nada ha cambiado en su vida, se dará cuenta muy pronto que fallará en el intento. Usted tiene ojeras y ya no duerme o farrea como antes. Su casa además está más sucia y caótica que las casas de sus amigos solteros. No hay nada de malo en admitirlo. Sea realista y optimista al mismo tiempo. Encuentre aquellas nuevas cosas o actividades que disfrutan hacer como familia y hágalas constantemente. Encuentre un círculo de amigos con hijos para que su vida social continúe y encuentren temas de conversación comunes y actividades que puedan todos disfrutar.

Descansos mentales

Tomemos aquí un descanso mental para respirar, relajarnos e ir practicando esto de los descansos mentales pues se verá en la necesidad de hacerlo muchas veces en estos primeros años de la vida de su bebé. No es la intención de este libro el hacerle sentir abrumado con toda esta cantaleta de la responsabilidad. La tarea de criar un ser humano es muy grande y requiere cierta preparación, pero eso no significa que usted deba ser una supermamá o un superpapá. De hecho, las supermamás y los superpapás interfieren en el desarrollo de la tolerancia de sus hijos porque tienden a hacer las cosas por sus hijos y no les dan la oportunidad de aprender a hacerlo por sí solos o a esperar a ser atendidos (una apropiada duración de espera dependerá de la edad). La espera ayuda a los niños a ser tolerantes y a desarrollar diferentes estrategias para sobrellevar la frustración.

Es importante que los descansos mentales formen parte de nuestra rutina. Los niños son encantadores pero nadie puede negar que también nos agotan. Basta visitar una clase del jardín de infantes para darnos cuenta de la cantidad de energía que emiten y que absorben de los adultos que los educan. Los descansos mentales pueden darse al ducharnos, durante las siestas y son especialmente necesarios al final del día. Durante ese tiempo vea su novela favorita, llame a su mejor amiga, tómese un vinito, haga lo que sea pero deje descansar a sus libros o páginas web con temas de crianza. Así es, cierre este libro y haga otra cosa.

El "qué dirán"

Los latinos del mundo hemos sido calificados por sociólogos americanos y europeos como una cultura 'colectivista'. El término colectivista se refiere a culturas en las que el bien del grupo o de la sociedad es considerado como más importante que el bien individual. Se dice que los latinos nos ayudamos mutuamente, que nuestras familias son muy unidas y que lo que beneficia a un grupo o familia también es beneficioso para cada individuo que lo integra. Bajo esta misma definición, aquello negativo que le sucede a un miembro del grupo o familia, afecta también al resto. ¿Será por eso que tanto nos importa e influye lo que diga otra gente?

Muchas veces hacemos lo que otros piensan que deberíamos hacer con el fin mantener felices a aquellos en nuestra familia o en nuestro círculo social. Nos llena de alegría el poder enorgullecer a nuestros padres y amigos. Aceptamos las opiniones de nuestros seres queridos y sonreímos ante sus comentarios mientras por dentro nuestra mente entra en conflicto. Ese conflicto resulta incluso más difícil cuando nuestra pareja se une a la voz de los otros. "La tía Rosita me dijo que no es bueno cargarlos mucho a los bebés porque se hacen mimados" o "mi hermano que tiene ya tres hijos dice que debes dejarle llorar para que aprenda a consolarse solo". Hacemos caso a "la voz de la experiencia" y no a nuestra propia voz. Todo por mantener la paz y la unión familiar y porque erróneamente hemos aprendido que la experiencia hace al sabio.

¿Cree usted que vale la pena ignorar nuestras voces internas? ¿Será que preferimos ignorar nuestras opiniones e instintos porque como buenos 'colectivistas' que somos damos prioridad al bien común y a la armonía social? Si lo que queremos es complacer a nuestros seres queridos (porque al no hacerlo tememos perder su cariño y aprobación) le cuento que si es posible complacer sin ignorar su voz interna. Sin duda nuestros seres queridos son muy importantes en nuestras vidas, sin embargo, el no seguir sus consejos o el no compartir sus puntos de vista no significa que dejarán de querernos o de valorarnos. Al contrario, el comportarnos de acuerdo a nuestras convicciones nos hace ser más admirados por otros porque demuestra que somos personas íntegras y determinadas. Personas maduras con ideas claras sobre aquello en lo que creemos y el destino hacia dónde vamos. Nadie ha llegado a la fama como borrego de otros. De hecho, las personas más famosas y admiradas de la historia por lo general empezaron el camino hacia la fama como ovejas negras, conocidas por sus fuertes convicciones y su falta de conformismo a lo que impone la sociedad.

Así que ármese de valor, exprese sus opiniones y actúe de acuerdo a ellas, así la gente alrededor de usted no las comparta. La información es poder, y eso es lo que tendrá usted al leer este libro. Las prácticas propuestas en los capítulos siguientes están sustentadas por la investigación científica. De manera que ante la opinión o desacuerdo de sus familiares o amigos usted puede (si desea) usar esta información para argumentar sus decisiones.

Las únicas dos personas que deben estar de acuerdo en prácticas y filosofías de crianza son, por supuesto, los padres. Cuando se trata de criar a un ser humano, los padres son los únicos indicados para decidir lo que es mejor para sus hijos. La experiencia y la opinión de otros en este caso nos son de poco valor, pues los participantes de aquellas historias y experiencias, que con buenas intenciones nos comparten, no pueden ser replicadas. Las dinámicas, los personajes y las épocas en cada familia son diferentes, de manera que la réplica de las experiencias de otros no es posible si no se cuenta con los mismos protagonistas y las mismas circunstancias. Aquel que diga que lo sabe todo acerca de la crianza es porque no ha criado a los hijos de otros. Es imposible pretender saberlo todo en base a una experiencia única que involucró a un determinado número de personalidades. Sería equivalente a que una persona que manejó por años un auto Toyota pretenda decirnos cómo manejar a nuestro auto Mazda. A pesar que los autos tienen partes principales (como el volante, la palanca, los pedales) que se ubican en el mismo lugar y se usan de la misma manera, cada marca tiene sus características diferentes de manera que las instrucciones de un Toyota no se aplican al manejar un Mazda.

La absurda competición entre padres

Parece ser que los sociólogos han estado equivocados todos estos años. Somos una cultura competitiva e individualista más no colectivista. Somos tan competitivos que hasta nuestros niños en edad preescolar se han convertido en trofeos de los que presumir. Los niños no están para satisfacer nuestra sed de competencia así que muy mal hacemos al forzarlos a aprender a contar hasta 20, a escribir su nombre y apellido o a memorizar los nombres de los planetas, figuras y colores cuando bien sabemos que no existe una malla curricular para ellos. La infancia no debe ser una carrera, ni se debe forzar a que los niños aprendan cosas que no les interesan pues eso significa que no están listos para aprenderlos todavía. Los niños irán aprendiendo conforme estén listos y téngalo por seguro que ellos se lo harán saber. No debe temer que su hijo llegue al kínder o a la guardería sin saber nada. No será así. Los niños por naturaleza son curiosos y quieren aprender, sin embargo, resulta inútil y frustrante tanto para los padres como para ellos el querer imponerles un currículo que no les interesa. Es mejor enseñarles las cosas naturalmente y conforme vaya surgiendo la curiosidad.

Es un comportamiento muy natural de los padres el comparar a nuestros hijos con otros niños y el querer asegurarnos de que están desarrollándose apropiadamente. Eso lo juzgamos al ver que otros bebés o niños de la misma edad hacen cosas parecidas a lo que hacen nuestros bebés. Si existen aspectos en el desarrollo en los que nos parece que nuestro bebé o niño está atrasado, hay que darse cuenta que eso no indica ningún fracaso, ni del niño ni de los padres. Simplemente, es un proceso que se irá completando con el tiempo y en los casos más graves con la ayuda de psicopedagogas o terapistas.

Los niños aprenden a través de la observación y del juego. La idea de que todos deben saber cosas específicas a una determinada edad es una tontería. Cada niño aprenderá cosas diferentes dependiendo de su entorno. Por ejemplo, los niños que se crían en espacios más verdes y frondosos aprenderán más acerca de las plantas que aquellos que se crían cerca del mar. De la misma forma, los niños que se crían cerca del mar sabrán más acerca de los animales marítimos que los niños que viven en la ciudad. Estos últimos aprenderán más rápido acerca de estructuras, edificios y tecnología etc. etc. etc. Aun así, si lo que queremos es que aprendan sobre cosas que no son parte de su entorno inmediato, lo que tenemos que hacer es introducirlas en la vida normal, jugar con ellas para que las absorban de manera natural y sin forzar un aprendizaje basado en la memoria y en la frustración pues ese aprendizaje no perdura. Si contamos hasta 20 cuando estamos haciendo la masa del pastel o mientras esperamos a que nos sirvan en el restaurante, nuestros hijos aprenderán a contar. Podemos obtener libros divertidos sobre el universo o que incluyan el abecedario para introducir a su mundo aquellas cosas a las que no podemos acceder en nuestro entorno natural. Permítales experimentar con todo, desde elementos naturales como el agua y la arena hasta cosas más artificiales como pintura, telas y texturas. Preséntales tanto lo bello como lo peligroso de una vela encendida. Todo irá entrando con más naturalidad, más diversión y muchas menos presiones.

Como se ha dicho, cada niño se interesará en aprender cosas acerca de su entorno y a su propio ritmo así que lo importante no es aquello que los niños deben saber o aquello que pueden hacer a los dieciocho meses, dos años o cinco años. Como lo dijo Alicia Bayer en su blog *A Magical Childhood*[1], lo más importante es lo que deben saber los padres (el texto a continuación es un fragmento que ha sido traducido, expandido y adaptado del inglés):

1. Que cada niño aprende a caminar, hablar, leer y hacer cálculos a su propio ritmo, y que eso no influye en absoluto en que tan bien camine, hable, lea o haga cálculos matemáticos después.
2. Que el factor que más influye en el buen rendimiento académico y las buenas notas en el futuro es que mamá o papá dediquen un rato cada día o cada noche (o ambos) a sentarse a leerles buenos libros. Ni las guarderías caras, ni los centros de estimulación temprana, ni los juguetes y tecnologías más sofisticadas influyen en el rendimiento académico. El mejor estimulante y maestro es usted.
3. Que ser el niño más listo, más pilas o más estudioso de la clase nunca ha significado ser el más feliz. Una de las mejores cosas que podemos ofrecer a nuestros hijos es una niñez sencilla y despreocupada.

[1] A Magical Childhood: **http://www.magicalchildhood.com**

4. Que nuestros niños merecen vivir rodeados de libros, naturaleza, utensilios artísticos y la libertad para explorarlos. La mayoría de nosotros podríamos deshacernos del 90% de los juguetes de nuestros hijos y ellos ni siquiera los extrañarían. Sin embargo, algunos juguetes si son importantes como los legos u otros juguetes que permitan el fluye de la imaginación y a la construcción de estructuras creativas como los materiales artísticos, los instrumentos musicales, títeres, disfraces y libros. Los niños necesitan libertad para explorar con estas y otras cosas. Necesitan jugar con arena, con agua, con lodo, amasar pan, usar pintura, plastilina y acuarelas. No importa si lo salpican todo, el aprendizaje de los niños implica algo de caos y suciedad.

5. Que nuestros hijos necesitan los videojuegos, los smartphones o tabletas, las actividades extraescolares, las clases de ballet y los entrenamientos de fútbol **mucho menos** de lo que nos necesitan a nosotros. Necesitan a unos padres que se sienten a escuchar su relato de lo que han hecho durante el día, unas madres que se sienten a hacer manualidades con ellos, padres y madres que les lean cuentos y hagan tonterías con ellos.

Cuidado con los manuales y técnicas de crianza

Suena muy irónico que en un libro de crianza la autora le sugiera que no caiga en la trampa de los manuales y técnicas de crianza. En realidad este libro no es un manual y usted se dará cuenta a medida que vaya leyendo que si bien este libro le sugiere determinadas prácticas, en ningún momento se dará una lista de pasos a seguir para lograr determinadas conductas de los bebés como dormir de corrido o disciplinar en tres pasos. Este libro tampoco sugiere técnicas como la "sillita de pensar" o el famoso "time-out" o "tiempo fuera". Aquellos manuales de crianza que usualmente sugieren mirar al reloj o concentrarse en los pasos del proceso lo que hacen es enfatizar el control, no la conexión. Esas técnicas pueden sonar muy convenientes a la hora de las dificultades pero, por lo general, las ganancias a corto plazo vienen a costa de una pérdida a largo plazo. Invertir tiempo y dinero en aquellos manuales no vale la pena pues crean una distancia entre usted y su bebé. Al seguir un manual usted está reconociendo que no conoce a su bebé.

A diferencia de aquellos manuales de crianza, este libro es una recopilación de la evidencia científica y no pretende decirle qué hacer, simplemente le doy argumentos suficientes para que sienta más seguridad y confianza en que el estilo de crianza que ha elegido es sin lugar a dudas el estilo que más le conviene a usted y a sus hijos. En los próximos capítulos veremos más a profundidad los motivos por los cuales no son aconsejables los entrenamientos o técnicas de crianza que prometen resultados rápidos y efectivos. Por lo pronto, intente priorizar las metas a largo plazo: la conexión y la comunicación.

SEGUNDA PARTE:

Los 4 Pilares de la Crianza con Apego

"No hay ningún un esfuerzo más radical en su potencial para salvar el mundo, que una transformación en la manera en la que criamos a nuestros niños".

-Marianne Williamson

Capítulo III.
Crianza con Apego

"El amor maternal en la infancia es igual de importante en la salud mental como lo son las vitaminas y las proteínas en la salud física".

-John Bowlby-

Las raíces de la crianza con apego

Nunca antes se había estudiado tanto a la crianza. En los últimos sesenta años, los científicos han podido comprobar los efectos a corto y largo plazo de determinadas prácticas de crianza. Una de los estilos de crianza más estudiados es la crianza con apego, que no es sino un término acuñado por el Dr. William Sears pero usado por muchos otros autores a nivel mundial. La crianza con apego es una filosofía de crianza basada en los principios de la teoría del apego formulada por el psiquiatra y psicoanalista británico John Bowlby en los años cincuenta.

John Bowlby formuló la teoría del apego ayudado por los experimentos de Harry Harlow. La separación y privación maternal tuvo a John Bowlby intensamente ocupado mientras trabajó en un reporte para la Organización Mundial de la Salud motivado por la experiencia de separación de muchos niños de sus padres durante la Segunda Guerra Mundial. Este es el contexto en el que Bowlby comienza a investigar los efectos psicológicos en niños que experimentan separación materna a temprana edad, lo que constituye un pilar fundamental en su trabajo durante toda su carrera, y en la formulación de la teoría del apego.

Harry Harlow y John Bowlby posteriormente trabajaron juntos para aproximarse más al concepto de apego. Así fue como Harlow diseñó un experimento con monos Rhesus bebés para estudiar la necesidad del apego en el desarrollo social y cognitivo de los sujetos. Harlow creó madres "sustitutas", que eran unos muñecos construidos en dos versiones: uno era de alambres y tenía comida, y otro era de felpa pero carecía de alimentos. Harlow descubrió que las crías preferían la madre de felpa, aún si ésta no pudiera proporcionarle alimento. Harlow concluyó que el vínculo entre madres y crías iba mucho más allá del alimento pues las crías necesitaban establecer contacto para desarrollarse psicológicamente.

Cuando las crías eran expuestas a situaciones estresantes como un nuevo hábitat, ellas iban a la búsqueda de sus madres de felpa para encontrar en ellas protección. La sensación de seguridad que las madres de felpa proporcionaban, hacía que las crías se sintieran capaces de explorar su entorno. Cuando Harlow separaba a las crías de las madres y las llevaba a nuevos contextos, ellas comenzaban a mostrar síntomas de ansiedad (llanto, gritos, succión de sus dedos o búsqueda de otros objetos similares a sus madres). Cuando las devolvía a sus jaulas originales con sus madres de felpa, las crías permanecían inmóviles a su lado y sin intención de abandonarlas.

A pesar que hoy en día un experimento de esta índole podría ser motivo de controversia, los resultados de este experimento en los años sesenta mostraron que tras 30 días de aislamiento total, los monos mostraban claras alteraciones comportamentales (nerviosismo, confusión); y tras un año de aislamiento, presentaban cierta catatonía, permaneciendo inmóviles en una esquina de la jaulas. Cuando se les juntaba con el grupo control, estos monos no mostraban conductas exploratorias, eran agredidos por sus compañeros, y no mostraban interés en el sexo opuesto, inhibiendo las conductas reproductivas. Dos de los sujetos experimentales rehusaron la ingesta de cualquier tipo de alimento, llegando a morir de hambre.

A partir de los experimentos de Harlow y de sus propias observaciones en su trabajo en los orfelinatos, Bowlby concluye que las experiencias infantiles y las relaciones interpersonales con los padres son cruciales para su desarrollo psicológico y son el modelo en el que se basan sus posteriores relaciones interpersonales por el resto de la vida.

Sus investigaciones revelaron que cada especie cuenta con sus propias conductas innatas (de raíces biológicas) que los predisponen a formar vínculos afectivos con la finalidad primordial de favorecer la supervivencia. En el bebé humano, estas conductas innatas son: la sonrisa, la mirada, el llanto, llamadas y la orientación preferente hacia estímulos sociales. Estas conductas atraen a las personas del entorno. Por eso los adultos nos sentimos muy atraídos por las carcajadas de los bebés y por eso sentimos que tenemos que hacer algo inmediatamente para calmar el llanto de un bebé, así no sea el nuestro. La naturaleza es sabia. Los bebés nacen con estas conductas innatas que facilitan su supervivencia. Con este repertorio de estrategias, los bebés buscan mantener la protección y proximidad con la figura de apego. Se resisten y protestan ante la separación, usan sus sonrisas para cautivar a los adultos y utilizan el llanto para comunicar su necesidad de ser atendidos. La o las figuras de apego de un bebé constituyen su base primordial de seguridad que les permite explorar el mundo sin temores.

Más tarde Mary Ainsworth en su trabajo con niños en Uganda y posteriormente en Baltimore, encontró información muy valiosa para el estudio de las diferencias en la calidad de la interacción madre-hijo y su influencia sobre la formación del apego. Mary Ainsworth desarrolló un procedimiento de laboratorio conocido como "la situación extraña". Éste fue un diseño experimental diseñado para mostrar la universalidad del apego, pero sorprendentemente lo que mostró fue diferencias individuales. En el experimento se usaban las respuestas del niño frente a separaciones muy breves de uno de los padres, y reuniones con ella (o él), para clasificar la organización de su apego a la madre (o al padre). Las cuatro clasificaciones son: apego seguro, y tres clasificaciones derivadas del apego inseguro: evitativo, resistente o ambivalente y desorientado.

Los niños con vínculos de apego seguro cuando estaban con su madre exploraban la habitación y mostraban interés al entrar la persona desconocida. En el momento de la separación, mostraban señales claras de angustia pero les era fácil volver al juego. Al momento del reencuentro con la madre se mostraban alegres y buscaban contacto físico con ellas. Los niños con vínculos inseguros (evitativo, resistente o desorientado) también mostraban angustia y desagrado al momento de la separación, pero la diferencia es que no volvían al juego fácilmente y no buscaban o, peor aún, rechazaban el contacto físico con la madre a la hora del reencuentro. En el caso del tipo evitativo, el niño evita e ignora activamente a la madre durante el re-encuentro (se aleja, mira hacia otra dirección o rechaza a la madre cuando ella le carga). En el caso del tipo resistente o ambivalente el niño no logra apaciguarse en el reencuentro con la madre y a pesar que continúa centrando su atención en la madre, no se calma, sigue llorando y no logra volver a la exploración tras el reencuentro. En el caso del tipo desorientado, el bebé muestra conductas desorganizadas y/o desorientadas en presencia de la madre. Por ejemplo, se dan conductas poco predecibles o inusuales como acurrucarse en una esquina de la habitación o congelarse en un estado de trance. En conclusión, el niño con apego desorganizado no sabe qué hacer.

¿Qué le dice todo esto? Aquellos bebés con vínculos inseguros de apego aprendieron de sus madres una lección muy importante. Aprendieron que sus madres no son confiables pues no han satisfacido sus necesidades en el pasado, por eso, no les es fácil sentirse consolados por ellas. Cuando los bebés como éstos, con vínculos inseguros, crecen y maduran, tienden a mantenerse preocupados de encontrar seguridad y amor en sus relaciones personales. La constante búsqueda de amor y seguridad no les permite concentrarse en otras actividades apropiadas para su edad y necesarias para aprender y experimentar la independencia. Lo interesante de este estudio es que se siguieron a estos bebés hasta su adultez y se pudo comprobar que aquellos bebés que tenían vínculos de apego inseguro, tendían a tener relaciones sociales e interpersonales problemáticas y además eran menos felices y menos exitosos que aquellos participantes del estudio que tenían vínculos de apego seguro con su madre.

La teoría del apego

El apego es el vínculo emocional que desarrolla el niño con sus padres (o cuidadores) y que le proporciona la seguridad emocional indispensable para un buen desarrollo de la personalidad. El apego proporciona la seguridad emocional al niño puesto que se siente aceptado y protegido incondicionalmente.

La tesis fundamental de la teoría del apego es que el estado de seguridad, ansiedad o temor de un niño es determinado en gran medida por la accesibilidad y capacidad de respuesta de su principal figura de afecto (persona con que establece el vínculo). De acuerdo a la teoría del apego, un fuerte vínculo emocional con sus padres es precursor de la seguridad y de la empatía en las relaciones personales en la edad adulta.

Un inadecuado establecimiento de un vínculo seguro en la infancia puede conllevar a dificultades psicológicas.

La teoría con apego, propuesta originalmente por John Bowlby, afirma que el niño tiene una tendencia a buscar la cercanía a otra persona y se siente seguro cuando esa persona está presente y disponible para cubrir sus necesidades tanto físicas como emocionales. Bowlby había propuesto en 1951 la hipótesis de que la privación materna no solo causaba depresión en la niñez, sino también hostilidad e incapacidad para establecer relaciones saludables en la vida adulta. Dentro de esta teoría los niños biológicamente están "diseñados" a estar apegados a sus padres, no solo para satisfacer sus necesidades sino porque son seres profundamente sociales.

La teoría del apego constituye uno de los planteamientos teóricos más sólidos en el área de la psicología infantil. Desde sus inicios a finales de los años cincuenta, esta teoría se ha visto afianzada y enriquecida por una gran cantidad de investigaciones realizadas en los últimos años.

Una de las más importantes contribuciones fue la de Edward Tronick y sus colegas a finales de los años setenta. A partir de un experimento denominado "la cara inexpresiva", describieron un fenómeno en el cual un bebé después de tres minutos de una infructífera interacción con una madre poco responsiva y sin expresiones faciales, rápidamente entra en un estado de ansiedad. El bebé hace muchos intentos de lograr una interacción recíproca y sus conductas se encaminan a obtener una respuesta de su madre. Cuando todos sus intentos fallan, el bebé se retrae y orienta su cara y su cuerpo hacia otra dirección. Este experimento continúa siendo uno de los más replicados en el campo de la psicología del desarrollo.

Una vez que este fenómeno fue cuidadosamente analizado y replicado, se volvió el método estándar para comprobar las diferentes hipótesis acerca de las diferencias culturales y de género de la percepción y la comunicación de los bebés. Además se usa este experimento para analizar las diferencias en el estilo de apego de los bebés y los efectos de la depresión de las madres en sus hijos. Se ha usado este mismo experimento para investigar diferencias culturales y diferencias en los patrones de comunicación de niños con autismo y con Síndrome de Down.

El experimento de Tronick, al parecer muy sencillo, ofrece información muy valiosa acerca de la necesidad de interacción social de los bebés y el papel que esto juega en su bienestar emocional. Los bebés a muy temprana edad son seres profundamente sociales y nacen con sistemas cerebrales de cognición social. Este experimento sugiere que los bebés tienen un entendimiento social muy primitivo, pues desde muy temprano tienen un entendimiento de la relación entre las expresiones faciales y las emociones. Los intentos del bebé de volver a interactuar con su madre también sugiere que tienen la capacidad de planificar y ejecutar sus conductas dirigidas hacia una meta simple: ser atendido.

Para ver los videos de todos estos experimentos puedes ir a http://www.crianzayeducacionconsciente.blogspot.com y buscarlos en las publicaciones de noviembre del 2014.

¿Qué es la crianza con apego?

La crianza con apego es una filosofía enfocada a formar vínculos de apego fuertes y seguros entre padres e hijos. El término "apego" ha sido traducido de la palabra en inglés "attachment". La palabra "attachment" fue usada por primera vez por John Bowlby, un psiquiatra y psicólogo infantil inglés quien usó ese término en la década de los ochentas para representar un vínculo o lazo que se forma entre padres e hijos.

A pesar de que la crianza con apego es, en términos generales, una crianza basada en los principios del apego seguro identificado por Bowlby y Ainsworth, actualmente existen algunos autores que han definido a la crianza con apego con una serie de principios. El Dr. William Sears, por ejemplo, escribe sobre ocho principios de la crianza con apego. Otros autores como la neurocientífica Mayim Bialik y las fundadoras de Attachment Parenting International Barbara Nicholson y Lysa Parker, también aluden a ocho principios similares a los del Dr. Sears. Estos ocho principios son[2]:

---

[2] Sears & Sears, (2001).

1. Preparación para el embarazo, el nacimiento y la paternidad.
2. Alimentación con amor y respeto.
3. Respuesta sensible a las necesidades del bebé desde que nace.
4. Contacto materno el mayor tiempo posible.
5. Propicio del sueño seguro físicamente y emocionalmente.
6. Propicio del cuidado cariñoso constante.
7. Práctica de la disciplina positiva.
8. Búsqueda del equilibrio entre la vida personal y familiar.

En el mundo de habla-hispana, el pediatra Carlos González y la psicóloga Rosa Jové son los autores pioneros en este tema. A pesar de escribir en sus libros acerca de temas similares a los ocho principios aludidos por el Dr. Sears, estos dos autores no proponen una lista de principios que deban ser cumplidos. Parece ser una costumbre muy americana el definir las cosas con listas, a manera de recetas. Sin embargo, tanto la Dra. Jové, como el Dr. González son muy claros en sus posturas. Sus libros se basan la idea de que para criar con apego es fundamental respetar la evolución natural de los niños y saber escuchar los instintos maternales y paternales. Su visión de crianza se basa en la responsividad de los padres hacia las necesidades básicas y emocionales del bebé, y en el acompañamiento del niño, sin imponer y sin controlar. Esa idea principal abarca toda su filosofía.

En definitiva, todos estos autores están de acuerdo en una cosa: la crianza con apego se trata de establecer lazos emocionales fuertes y sanos entre padres e hijos; se trata de satisfacer las necesidades básicas de confianza, empatía y afecto que tienen los niños y de proporcionar una base sólida para que sus futuras relaciones sean exitosas y sanas. Si se pudiera resumir la teoría de Bowlby en una palabra, ésta sería *responsividad*.

Estudios recientes han podido definir con precisión las prácticas relacionadas a la crianza con apego que facilitan el establecimiento de un vínculo de apego seguro y que son además el denominador común entre las diferentes posturas de expertos que escriben sobre la crianza con apego. El estudio más reciente que existe sobre la crianza con apego lo realizó la Universidad de Harvard[3] en el

---

[3] Miller & Commons, (2010).

2010 y concluye que la crianza con apego, tal como la definió Bowlby, se basa en una sola premisa: responder efectivamente a las necesidades del bebé durante los primeros dos años de vida. Dado que sus necesidades los dos primeros años pueden resumirse en alimento y proximidad a un cuidador principal (usualmente la madre), se han identificado cuatro prácticas que constituyen los pilares fundamentales sobre los cuales resta el bienestar físico y emocional del bebé. Estos cuatro pilares garantizan el establecimiento de un vínculo de apego seguro. En este libro, hemos de concentrarnos en esos cuatro pilares de la crianza con apego que se aplican a todos los padres (biológicos u adoptivos) hasta los dos años de edad. Estas prácticas deben ser consideradas como herramientas que facilitan el proceso del establecimiento de un apego seguro. De ninguna manera constituyen reglas o principios, pues como se dijo anteriormente, se trata de ser padres responsivos, y eso es justamente lo que estas cuatro prácticas nos permiten ser. Los cuatro pilares de la crianza con apego son:

Pilar #1 - Dormir en proximidad del bebé ya sea en la misma cama (con las debidas precauciones) o en una cuna o moisés al lado de la cama.

Pilar # 2- Alimentación a libre demanda (preferiblemente leche materna), lo cual implica un destete guiado por el bebé.

Pilar # 3- Contacto físico continuo ya sea en brazos o en un fular o portabebés.

Pilar # 4- Respuesta rápida y efectiva a las necesidades (incluyendo las emocionales), lo cual implica responder a las señales de angustia del bebé incluso antes de que se desate el llanto.

El apego, un concepto de pocos sinónimos

No es nada nuevo para usted el que yo le diga que los bebés de todas las especies nacen muy vulnerables y que para sobrevivir necesitan que sus padres los guíen y protejan. Sin embargo, a lo largo de los años vemos que en vez de criarlos con la mayor proximidad posible para guiar y proteger, hemos hecho todo lo contrario. Hemos querido que nuestros bebés sean independientes prácticamente desde el día en que nacen. Inmediatamente después del parto como olvidándonos de los nueve meses que fueron uno con su madre, pretendemos que de un día para otro nuestros bebés duerman solos, y no solamente solos, sino en lo posible que duerman toda la noche. Empieza enseguida el entrenamiento de una independencia forzada, lo cual resulta inútil y causa mucha frustración a los padres. Sería igual de frustrante el querer nadar en un río en contra de la corriente simplemente para darse cuenta que aún después de tanto esfuerzo, usted sigue nadando en el mismo lugar en donde empezó.

En vez de frustrarse y gastar energías inútilmente al tratar de forzar una independencia poco natural, le invito mejor a adaptarse a las necesidades evolutivas, fisiológicas y emocionales de su bebé. Verá que una vez que lo haga, serán todos más felices en casa, habrá menos frustración, se sentirán más descansados y disfrutarán más de la tarea de ser padres.

El formar vínculos de apego con uno o más cuidadores es una necesidad innata de todo bebé pues de eso depende su supervivencia. Los estudios antropológicos sugieren que algunas prácticas relacionadas a la crianza con apego (como por ejemplo el colecho del cual hablaremos más adelante) tienen raíces en nuestro pasado evolutivo. Como hemos dicho anteriormente, la crianza con apego se basa en la teoría del apego, la cual fue desarrollada para el período crítico de desarrollo, que según Bowlby, va desde el nacimiento hasta cerca de los tres años. Por lo tanto, las prácticas recomendadas en este libro son, fundamentalmente, para los primeros años de vida. Eso no significa que los pilares de la crianza con apego expiran apenas el niño cumple tres, o cuando el niño haya empezado la escuela. No. Las cosas en la crianza no son o blancas o negras pues siempre habrá un matiz de gris que mejor se amolde a nuestra familia. Si bien la crianza con apego hace énfasis en el periodo inicial porque es la etapa que más efecto tiene en un sano desarrollo físico, emocional y social, los vínculos de apego se continúan desarrollando a lo largo de la infancia.

La crianza con apego no es un estilo nuevo ni tampoco revolucionario. Simplemente se ha dado un nombre a lo que muchas madres han hecho por siglos de manera natural y sin manual. Sin embargo, es importante hacer una distinción entre crianza con apego, crianza natural, crianza instintiva y crianza respetuosa, pues a menudo se usan todos estos términos de forma indiscriminada sugiriendo que son sinónimos.

La crianza natural es la que más frecuentemente se usa como sinónimo de la crianza con apego. Al llamarla "crianza natural", sin embargo, se pierde el énfasis en toda la evidencia científica disponible que nos recuerda la importancia del establecimiento de un vínculo de apego seguro. Tanto la crianza natural como la crianza con apego intentan volver a los orígenes en lo que se refiere a los cuidados de los bebés. Es decir, ambos intentan retomar ciertas prácticas de nuestros antepasados quienes llevaban a sus crías todo el tiempo en brazos o porteadas en pareos, dormían con ellas, las alimentaban con pecho durante años, las criaban piel con piel, sin dejarlas llorar, y todo eso que permitió la supervivencia de nuestra especie. Recordemos, sin embargo, que las vacunas (algo que se considera artificial), también permiten la supervivencia de nuestra especie pues nos hacen inmunes ante las epidemias y las enfermedades fatales. Aquellos que se inscriben bajo la crianza natural a menudo dudan de la necesidad de administrar vacunas a los niños e incluso las culpan de ser responsables de ciertos trastornos neurológicos como el autismo.

Recordemos, además, que la crianza con apego se deriva directamente de la teoría del apego la cual más allá de las prácticas naturales, enfatiza la presencia de uno o más cuidadores confiables que sepan satisfacer las necesidades del bebé de manera sensible y efectiva. La crianza natural, por el contrario, enfatiza las prácticas naturales como la lactancia materna, el despojo de un ritmo de vida lleno de prisas , de horarios y de estímulos artificiales para los niños, pero al llamarla así, no se le da la importancia debida al vínculo de apego seguro que se establece con el cuidador.

A pesar de que todas las prácticas naturales y respetuosas de la evolución del ser humano son compatibles con la teoría del apego, recordemos que ésta no fue diseñada para niños de edad escolar ni para adolescentes. Bowlby la diseñó para niños pequeños pues los primeros tres años ellos atraviesan por un periodo crítico y de mucha influencia en su desarrollo posterior. Además, como se dijo en la sección anterior, uno de los pilares de la crianza con apego es la alimentación a libre demanda, la cual reconoce que la lactancia materna es preferible pero no imprescindible. La crianza natural, por el contrario, es una crianza únicamente de madres lactantes

En la crianza con apego la importancia está en el establecimiento de vínculos de apego seguro, que constituyen el modelo inicial de las futuras interacciones de nuestros hijos. Estos vínculos que se crean entre el bebé y sus cuidadores, se establecen a través de la satisfacción efectiva y sensible de sus necesidades. El riesgo de aplicar el término "natural" a la crianza es que hoy por hoy no podemos realmente saber qué es lo natural. Tal vez si viviéramos en una isla desierta, sin experiencia, sin información, sin expertos, sin pasado, sin hospitales y sin normas sociales, podríamos entonces realmente parir a lo natural y criar a lo natural. Pero no es así. Somos parte de un sistema organizado en base a expectativas sociales, las cuales nos han sido impuestas por nuestros padres. De manera que "lo natural" ya deja de serlo porque ha sido influenciado por la sociedad y por nuestro pasado. En este sentido, el peligro de usar la palabra "natural" es que puede ser usado como sinónimo de inconsciente. Muchos padres "naturalmente y sin pensarlo" corrigen un mal comportamiento con agresión verbal o física, pues así fueron criados y les viene "natural hacerlo". No les hacemos ningún favor a nuestros hijos al practicar una crianza poco consciente. Hay que tener cuidado con el uso del término "crianza natural".

La crianza instintiva también tiene elementos de la crianza con apego y se asemeja a la crianza natural. Se atribuye tanto la madre y al padre el instinto de protección, y al bebé, el instinto de supervivencia. Una crianza instintiva, en general, se basa en seguir el instinto de los padres para afrontar el desarrollo del bebé y del niño. Esto implica respetar sus ritmos, sus gustos y acompañarle en sus vivencias. Implica también hacer caso a lo que nos dice el instinto, lo cual suena muy fácil al decir pero muy difícil al hacer. ¿Qué es el instinto? ¿Cómo seguirlo si no lo sabemos reconocer?

El instinto no ha sido un concepto ampliamente estudiado y, por lo tanto, no existe consenso en su definición. Lo único que la ciencia ha podido determinar es que todo bebé de la especie humana se comporta de similar manera, y que estos comportamientos poseen una finalidad adaptativa. A esto se lo ha denominado "instinto de supervivencia". Sin embargo, en lo que se refiere al instinto de protección, si bien muchas madres aluden a él, éste no ha sido científicamente estudiado y genera mucha confusión pues no es compatible con aquellos casos de madres y/o padres que por uno u otro motivo abandonan a sus hijos a su suerte o los abusan y maltratan. Entendiendo que los instintos son algo común a toda la especie humana, debería ser una deducción lógica que toda madre y/o padre protege instintivamente a su cría. ¿Cómo entonces explicamos los tantos casos de maltrato y de abandono que son todo lo opuesto al instinto de protección?

Finalmente está la crianza respetuosa. Esta es la más fácil de definir porque como su nombre lo dice, se trata de respetar. Respetar los ritmos de los niños, respetar sus opiniones, ser sensibles a sus necesidades, evitar el uso de métodos de entrenamiento de la conducta, usar una disciplina compasiva y no punitiva que permita a los niños mantener su condición de seres autónomos, únicos e independientes, sin ser subyugados a nuestra autoridad y entendiendo que todo comportamiento que exhiben constituye una expresión emocional, más no una acción manipuladora y malintencionada. En resumen, la crianza respetuosa se trata de tratar a los niños con justicia y con amor, como seres humanos que son, y sin transgredir sus derechos humanos básicos bajo la premisa (o con la excusa) de que están a nuestro cargo. A pesar que la crianza con apego se inscribe dentro de los principios de la crianza respetuosa, la primera hace énfasis en los primeros años de vida durante los cuales los niños atraviesan un período de mayor dependencia. La crianza con apego reconoce que las experiencias de los primeros años son precursoras de todos sus modelos posteriores de desarrollo y de socialización.

En conclusión, a pesar que podemos encontrar denominadores comunes entre todas las clasificaciones de crianza antes mencionadas, ni son todas lo mismo, ni deberían ser usadas indiscriminadamente para significar prácticas de crianza similares. El apego es un concepto muy simple, y de ser necesario atribuirle sinónimos, éstos serían: proximidad, contención y satisfacción de las necesidades. Apego no es sinónimo de todo lo natural y lo instintivo. Todo lo contrario. En un mundo donde reina el desapego , donde se da prioridad a los intereses personales, a las carreras profesionales y a la adquisición de bienes materiales, la crianza con apego se convierte en un acto más de tipo consciente y menos de tipo natural e instintivo. Solo un cambio consciente nos podrá permitir a los padres despojarnos de mitos sin fundamento, de prácticas que hacen daño y de expectativas sociales poco realistas que esclavizan y entorpecen nuestra manera de criar. Solamente a través del ejercicio consciente y de la reflexión podemos cambiar el presente y el futuro de nuestros hijos y, por lo tanto, de la sociedad. Nuestros padres y abuelos tuvieron la excusa de no tener manual para criar. Nuestra generación ya no la tiene, pues los últimos sesenta años de investigación nos permiten abrir los ojos ante una realidad poco favorable para nuestros niños. Es un acto consciente y de valientes el adoptar una filosofía de crianza frecuentemente criticada por ser poco "realista" y nada común. Aquellos críticos, sin embargo, no están enterados que la crianza con apego es el estilo más favorable para un sano desarrollo de nuestros hijos y para el fortalecimiento de la sociedad. La información científica está al alcance de todos y al ser presentados con ella, ya no nos es posible seguir pretendiendo no saber. La información es poder. El qué hagamos con ese poder ya depende de nosotros.

¿Qué es un vínculo de apego?

Los científicos en la historia de la humanidad no siempre han estudiado el vínculo entre padres e hijos pero por muchos siglos han estudiado y reconocido el vínculo de apego entre otras especies animales, especialmente los mamíferos. Si usted ha visto parir a una perra, se habrá dado cuenta que instintivamente ellas saben qué hacer con sus crías. Las lamen, las protegen, duermen con ellas y les ofrecen sus pezones para alimentarlas. También se habrá dado cuenta que las crías tienen sus propias maneras de comunicarse con su madre. Ya sea a través de un chirrido, buscando con sus hocicos el pezón más cercano para succionar o desplazándose hacia los rincones más cómodos y calientes del cuerpo de la mamá. Una vez satisfechos, los cachorros están calmados y contentos. Con el paso del tiempo, crecen y empiezan a explorar para finalmente independizarse de la madre. En todo este proceso la madre los cuida, protege y satisface sus necesidades hasta conseguir que alcancen esa independencia.

Ese vínculo especial que se forma entre las madres y las crías se llama "apego". En la especie humana, este proceso hacia la independencia tarda mucho más que cualquier otra especie. Por lo general, nos toma de tres a cinco años el formar un vínculo de apego que dé paso a la independencia. Esto es porque los bebés humanos nacen solo con el 25 por ciento de su cerebro desarrollado, lo que significa que una vez nacidos, continúan su gestación fuera del vientre de la madre. Los bebés chimpancés, que son los primates más cercanos a nosotros genéticamente, también son dependientes de sus madres por algunos años. Ni las perras, ni los chimpancés fuerzan a sus crías hacia una independencia para la cual no están listas. Instintivamente saben que para lograr una independencia es necesario satisfacer las necesidades básicas durante el periodo de dependencia.

Otra analogía que puede servir para entender al concepto del vínculo de apego y de la necesidad de éste para lograr la independencia es la siguiente: Si usted nació entre los años 1970 y los 1990 quizás recuerde cuando jugaba a "las cogidas" con sus amigos o familiares (llamado también pilla-pilla, tú la llevas, la mancha o las chapadas en otros países). El juego consistía en elegir a alguien destinado a corretear al resto de amigos quien cumplía la función de predador. También se elegía un lugar de protección donde el predador no nos podía topar. A ese lugar algunos lo llamábamos "la paz" o "la base". Si no fuera por la existencia de ese lugar de protección, seguramente no nos hubiera sido fácil lanzarnos a la carrera sabiendo que vamos a ser presa fácil. No hubiéramos tenido un mapa o una guía mental mientras huíamos del predador. Tampoco hubiéramos podido parar con seguridad en algún lugar para tomar aliento por temor a ser agarrados. Ese lugar nos daba la seguridad necesaria para lanzarnos a correr. Los más temerosos nos manteníamos muy cerca de ese espacio elegido como refugio. Otros con espíritu más aventurero se iban más lejos. Sin importar las distancias corridas, el saber que había un lugar de protección nos daba alivio y nos permitía salir a exponernos al predador.

Era importante para los que escapaban del predador el saber que había un lugar de refugio o de protección. ¿Recuerda esa sensación de estar en "la paz" o de haber llegado ella? Ahora bien, imagínese que usted es un niño o bebé y esa paz o refugio son sus padres. Si su refugio no es constante y no siempre tiene la seguridad que estará ahí para protegerlo, usted muy difícilmente se lanzaría a correr frente al predador y seguramente le tomaría más tiempo atreverse a salir sabiendo el peligro al que se expone sin un refugio constante. Sería más como jugar al "lobito" ¿Qué estás haciendo lobito? "Estoy listo para comerte" responde el predador con certeza porque sabe que esta vez no hay refugio. Pagará quien corra más lento.

La naturaleza nos diseñó para depender de nuestras madres por algunos años. Sin embargo, recién en estos últimos sesenta años los profesionales en las áreas de psicología, antropología y desarrollo infantil han empezado a reconocer y a aceptar lo vital de este proceso de dependencia en la formación de nuestra personalidad. Recién estamos aprendiendo que nuestros vínculos de apego son el núcleo de la humanidad.

Los cuatro estilos de crianza

Los psicólogos clínicos y evolutivos han estado interesados por mucho tiempo en estudiar el impacto de los diferentes estilos de crianza en el desarrollo de los niños. Sin embargo, resulta muy difícil encontrar relaciones causa-efecto entre las acciones o prácticas específicas de los padres y el comportamiento de sus hijos pues son muchos los niños que a pesar de los diferentes ambientes en los que se crían, terminan siendo muy similares de adultos tanto en sus personalidades como en sus comportamientos. Por el contrario, también existen niños que siendo criados en el mismo hogar y con los mismos padres desarrollan personalidades muy diferentes.

A pesar de estos retos, los investigadores han establecido ciertas variables existentes en todos los estilos de crianza y los efectos que estas variables tienen en los niños. Durante la década de los sesentas, la psicóloga Diana Baumrind condujo un estudio con más de 100 niños de preescolar. A través de observaciones, entrevistas a padres y otros métodos investigativos, ella identificó cuatro dimensiones presentes en diferente medida en cada estilo parental. Estas cuatro dimensiones son: estrategias disciplinarias, calidez y sensibilidad, estilos de comunicación y expectativas de madurez y control.

Basada en estas cuatro dimensiones, Baumrind clasificó a los estilos de crianza en tres grupos: crianza autoritaria, democrática y permisiva. Veinte años después, Maccoby y Martin añadieron un estilo más a la clasificación de Baumrind: crianza negligente o desentendida.

1. Crianza autoritaria

En este estilo de crianza, los padres esperan que sus hijos sigan las reglas estrictas que les imponen. Si los hijos no siguen las reglas, por lo general, se impone un castigo. Los padres autoritarios no explican las razones por las cuales imponen las reglas y su respuesta tras el cuestionamiento de sus hijos suele ser algo como: "porque yo digo" o "porque yo mando aquí". Estos padres demandan bastante de sus hijos pero no responden a sus necesidades con sensatez y sensibilidad. De acuerdo a Baumrind, estos padres están preocupados de que sus hijos obedezcan y esperan que sus órdenes sean cumplidas sin cuestionar. Este estilo de crianza tiende a producir niños obedientes pero inseguros, con baja autoestima, menos felices que otros niños y con dificultades para socializar.

2. Crianza democrática

Al igual que los padres autoritarios, lo padres democráticos también establecen límites y reglas que sus hijos deben seguir. Sin embargo, estos padres tienden a tomar en cuenta las opiniones de sus hijos y son razonables a la hora de establecer las reglas. Cuando sus hijos no cumplen con sus expectativas, estos padres son más indulgentes y comprensivos en vez de ser castigadores. Los padres democráticos monitorean el comportamiento de sus hijos, comunican sus expectativas claramente de una manera creativa pero no invasiva o restrictiva. Para disciplinar a los hijos, estos padres tienden a apoyarlos en el proceso en vez de castigarlos. Lo que el estilo autoritario tiene en común con el estilo democrático es que ambos son ricos en el establecimiento de límites. Sin embargo, la comunicación y la calidez de los padres democráticos son mucho más evidentes. Este estilo de crianza suele resultar en niños seguros, felices y exitosos.

3. Crianza permisiva

Los padres permisivos se los conoce a veces como padres indulgentes porque tienen pocas reglas y límites para con sus hijos. Estos padres raramente monitorean y corrigen los comportamientos malos o negativos de sus hijos ya sea porque tienen expectativas muy bajas en cuanto a su capacidad de autocontrol y de madurez, o porque no saben cómo intervenir cuando un mal comportamiento lo amerita. Los padres permisivos son muy responsivos y sensibles a las demandas de sus hijos pero no establecen límites claros. A pesar de que estos padres son capaces de darse cuenta de que ciertos comportamientos no son socialmente aceptables, por lo general, no intentan remediarlos para evitar confrontaciones con sus hijos. Estos padres son, por lo general, muy comunicativos con sus hijos pero no tienen un rol de autoridad ante ellos. Los resultados de un estilo de crianza permisivo son niños con niveles más bajos de auto-control y felicidad. Tienden a tener problemas con las autoridades y su desempeño académico suele ser bajo.

4. Crianza negligente

Una crianza negligente se caracteriza por tener poco de todo. Pocas reglas, poca responsividad y poca comunicación. Estos padres puede que satisfagan las necesidades básicas de sus hijos (comida, techo, vestimenta) pero generalmente no se involucran en su vida. En los casos más severos, los padres negligentes ignoran las necesidades básicas de sus hijos e incluso los pueden rechazar. Este estilo de crianza resulta en los niveles más bajos en todas las áreas de la vida. Son niños con baja autoestima, poco auto-control, infelices y con problemas tanto de disciplina como académicos.

¿Por qué la crianza democrática tiene tantas ventajas en comparación a las otras? Uno de los capítulos al final de este libro está dedicado exclusivamente al tema de la disciplina democrática y sin castigos. Sin embargo, por ahora le doy dos importantes razones por las cuales es favorable aplicar una disciplina democrática y sin castigos. Primero, cuando los niños perciben que las demandas y expectativas de sus padres son razonables y justas, tienden a cumplirlas; y segundo, a través de la comunicación (y no del castigo) los niños aprenden a internalizar las razones por las cuales se comportan de cierta manera y, por lo tanto, logran un mejor auto-control. En otras palabras, los niños criados en ambientes democráticos aprenden a seguir las reglas no por temor a ser castigados sino porque comprenden la razón de su existencia. Usted (espero) hace lo mismo como adulto. Para demostrarlo, sólo basta una pregunta: ¿Por qué respeta usted la luz roja del semáforo? ¿Por temor a que la policía le imponga una multa o porque entiende que así previene un accidente?

Como ve, la crianza con apego es una crianza democrática. Sin embargo, abarca mucho más que la democracia porque involucra ciertas prácticas parentales específicas (como la alimentación a libre demanda o el dormir cerca del bebé) que son prácticas que promueven vínculos de apego seguros (además de producir niños felices, exitosos y seguros). La crianza con apego es principalmente una crianza para los bebés y niños pequeños pues se deriva directamente de la teoría del apego, la cual fue diseñada por Bowlby para los niños de hasta tres años. Eso no significa que las prácticas relacionadas con la crianza del apego tengan fecha de caducidad. Simplemente significa que durante los primeros tres años es el periodo en el que más impacto tienen esas prácticas.

Fundamentos básicos de la crianza con apego

Como se dijo anteriormente, la crianza con apego está asociada con cuatro prácticas fundamentales. Estas son: la alimentación a libre demanda, el contacto físico continuo, la respuesta inmediata a las necesidades del bebé tanto físicas como emocionales y el colecho (dormir cerca o en la cama de los padres). La crianza con apego es fundamentalmente una filosofía que guía nuestra manera de ser padres. Lo más importante de esta filosofía es comprender, reaccionar y satisfacer las necesidades de nuestros hijos de una manera inmediata y afectuosa.

Esto no significa que los padres que practican la crianza con apego sean sobreprotectores, ni tampoco significa que están "mimando mucho" ni que están "malcriando" a sus hijos. De hecho, los hijos de padres que practican este estilo son más independientes que otros niños (lo veremos con más detalle más adelante). Los niños que han sido criados con apego se sienten seguros de explorar el mundo por sí solos y no son muy pegajosos con sus padres. Esto lo son porque no les cabe duda que sus padres están ahí para atenderlos cuando lo necesiten de manera que no sienten la necesidad de requerir su atención constantemente.

Biológicamente diseñados para el apego

La sabia naturaleza nos ha dado todas las herramientas necesarias para criar con apego. Nuestro cerebro está dotado de un hipotálamo y de una glándula pituitaria que juegan un rol muy importante en lo que pasa en nuestro cuerpo al dormir, al sentir hambre o sueño, al subir o bajar de peso, al sentir placer sexual e incluso al criar a nuestros hijos.

Las hormonas son los químicos que se envían desde varios lugares de nuestro cuerpo y actúan como mensajeras. Las hormonas que más influyen en la crianza son la oxitocina y la vasopresina. Miles de estudios en diferentes especies animales han confirmado que una cantidad inapropiada de estas hormonas altera nuestra capacidad de embarazarnos, de producir leche materna, de que el útero vuelva a su tamaño normal después del parto, de querer y de proteger al bebé. La naturaleza nos ha diseñado con la cantidad apropiada de hormonas para poder llevar a cabo todas estas tareas. Esto significa que si usted pudo quedarse embarazada y pudo dar a luz, entonces tiene la cantidad apropiada de hormonas para criar a ese bebé óptimamente. La oxitocina es la misma hormona que se libera al momento de las contracciones y al momento de dar de lactar. Cómo ve, el aspecto biológico de ser madres ya ha sido pre-diseñado por la naturaleza y su papel en la crianza ha sido estudiado por la ciencia.

Los estudios conducidos por John Bowlby, Marshal Klaus, Lloyd De Mause, Arthur Janov, Allan Schore, Michel Odent y David Chamberlain, entre otros, demuestran que los partos pacíficos y respetados se asocian con el vínculo de apego. Estos científicos han investigado los efectos neurobiológicos de las experiencias antes, durante y después del parto y han explorado cómo las primeras experiencias del recién nacido influyen en su cerebro y en sus respuestas corporales por el resto de su vida. La evidencia sugiere que los eventos traumáticos, el estrés prolongado y/o la separación de la madre después del parto pueden permanentemente afectar el cerebro en desarrollo del bebé, sus estructuras cerebrales y sus patrones de comportamiento.

Por el contrario, un recién nacido cuya madre está feliz, segura y bien preparada para su labor de parto, permite que su parto se dé espontáneamente, sin necesidad de drogas o medicamentos para el dolor. Eso permite que su recién nacido esté biológicamente preparado para la adaptación y para la responsividad social después del parto. Esta preparación es el resultado de la liberación de un coctel de hormonas del amor, como las llama el Dr. Michel Odent: un coctel de oxitocina, prolactina, relaxina, endorfinas y la pizca de adrenalina necesaria para estar alerta. Las hormonas del amor se liberan durante la labor del parto en porciones que se incrementan cada vez más, de manera que inmediatamente después del parto, la concentración de ese coctel de hormonas está en su máximo esplendor y la mujer está preparada para iniciar el vínculo, al igual que su recién nacido.

El periodo inmediatamente después del parto se reconoce biológicamente como un periodo sensible pues la madre y el bebé están alertas y despiertos para reconocer y afirmar su vínculo. Estas interacciones tempranas son la base para los patrones de comunicación y el desarrollo de la personalidad en las etapas tempranas. De hecho, Michel Odent llega a decir que en las cesáreas electivas, la madre no llega a tener el coctel de hormonas del amor necesarias para iniciar un vínculo de apego inmediatamente. En el mundo animal, cuando la labor de parto es interferida por procedimientos artificiales las madres terminan por rechazar a sus crías. En los experimentos hechos en ratas y ovejas, cuando se les da un epidural, ellas terminan ignorando a sus crías después del parto.

Es esencial para la supervivencia de las crías de toda especie que la madre esté motivada a cuidar a sus crías. Esta necesidad es un imperativo en los seres humanos porque nuestras crías son vulnerables y dependientes de nuestro cuidado por muchos años. Los bebés humanos no caminan o nadan como otros animales mamíferos lo hacen inmediatamente después del parto. A los humanos nos toma por lo menos un año para que nuestro cuerpo empiece a movilizarse en dos piernas. Los bebés humanos dependen de sus madres por mucho más tiempo que otros mamíferos.

Durante la mayoría de las cesáreas, los bebés recién nacidos son separados de sus madres después del parto, a veces por horas e incluso por días. La incidencia de las dificultades para dar de lactar se incrementa considerablemente cuando la mujer ha tenido un epidural o cuando he elegido una cesárea en lugar de un parto normal. Resulta también difícil para una madre el cuidar de su bebé apropiadamente y con seguridad cuando está adolorida por su cicatriz uterina y/o abdominal.

Los déficits de apego temprano y los vínculos no logrados al inicio de la vida del recién nacido pueden llevar a una mala sintonización entre el bebé y la madre. Las estructuras psico-biológicas del cerebro del bebé son muy susceptibles a las huellas y a las experiencias desde la concepción hasta los dos años de edad, y especialmente durante el parto. Los cambios cerebrales y las sinapsis que ocurran durante un parto traumático o durante la separación pueden influir en su responsividad hacia la madre, al abrir sus ojos, tocarla y responder a su voz. Un bebé está expuesto a las hormonas y a los químicos de la sangre de su madre a través de la placenta. Cuando una persona está en estado de estrés por un tiempo prolongado, el cuerpo produce una hormona llamada cortisol. Niveles altos de cortisol en el cuerpo pueden eventualmente causar daño a los órganos y a las funciones del cuerpo. También se sabe que altos niveles de cortisol por largos periodos de tiempo pueden dañar las células del hipocampo que es una región del cerebro que controla las emociones. En las investigaciones hechas con animales, las células muertas del hipocampo conducen a un comportamiento agresivo, menos sociable y menos cooperador.

Una cesárea, a pesar de que constituye una intervención absolutamente necesaria en casos de emergencia y salva la vida de la madre y/o del bebé, es una operación muy invasiva y violenta para ambos. Una cirugía mayor, como es el caso de la cesárea, constituye un shock para el cuerpo de la madre, la cual es cuidadosamente monitoreada por un anestesista durante y después de la operación. El bebé sale de manera brusca del útero de su madre a un ambiente lleno de luz, de gente extraña, de ruidos y de tratos bruscos que poco tienen que ver con un establecimiento de un vínculo de apego inicial. El recién nacido es limpiado y manipulado por las enfermeras y los doctores, en muchos casos es también inyectado con las vacunas necesarias. Esto es una experiencia no solo de separación de la madre, sino también de estrés al ser expuesto a una serie de estímulos sensoriales abrumadores para el recién nacido que si se prolongan, pueden influenciar negativamente en sus sistema límbico.

¿Cómo prevenimos el trauma neonatal, la separación y la brusquedad del parto? Hablando de antemano con el personal del hospital, clínica o centro de maternidad. Las rutinas hospitalarias pueden esperar y no deben tomar precedencia. En el caso de una cesárea, es aún más importante que el personal médico facilite el contacto piel a piel con la madre para que se libere la oxitocina tan necesaria para iniciar el vínculo de apego y para mitigar los efectos del parto quirúrgico.

Las experiencias traumáticas, la pérdida de tiempo valioso y la separación deben ser evitados a como dé lugar durante el embarazo, el parto y el periodo postparto. Cuando existe trauma o pérdida, los efectos pueden ser mitigados a través del apoyo social y profesional y procurando que se dé contacto piel a piel entre la madre y el recién nacido lo más pronto posible después del nacimiento.

Las mujeres embarazadas deben estar rodeadas de gente amorosa. Necesitan ser apoyadas y ayudadas cuando tienen experiencias estresantes y necesitan ser permitidas y animadas a dar a luz sin disturbios e intervenciones innecesarias. La labor de parto es un proceso biológico y fisiológico normal que funciona en 85% de las mujeres. El bebé no debe ser separado de su madre por lo menos la primera hora después del parto, y es aún más importante que no se separe cuando ha habido una cesárea. Los bebés pueden ser dados a la mamá y, a pesar del dolor y la incapacidad de moverse, el bebé puede permanecer cerca de su cuerpo.

Los hospitales y centros de maternidad deberían hacer esfuerzos para evitar la administración de drogas o epidurales porque estos pueden afectar los procesos de apego y de lactancia posteriormente. Por el contrario, los hospitales deberían dar a las mujeres los recursos, las herramientas y la información necesaria para empoderarlas a dar un parto natural. Dirigirlas a clases de preparación para el parto, ofrecerles la asistencia de una Doula durante el parto o darles opciones de parto más humanizados, son todas prácticas respetuosas a la madre y al bebé. Se debe hacer todos los esfuerzos posibles para tratar a las mujeres que dan a luz con reverencia y respeto, dándoles guía, ánimo y el ambiente adecuado para el parto.

Es importante recordar, sin embargo, que el establecimiento del apego es un proceso flexible y progresivo. Cuando una mujer es apoyada y querida, ella puede crear un vínculo muy profundo con su bebé incluso desde el embarazo y, en esos casos, el apego entre ella y su bebé se verá poco afectado por una intervención traumática como una cesárea de emergencia o la separación del bebé. Muchas madres pasan noches en vela a lado de la incubadora cuando sus bebés prematuros o enfermos necesitan cuidados médicos. Estas mujeres no están exentas de establecer un apego fuerte con sus bebés, pues compensan la separación sufrida una vez que el bebé se recupera.

Por otro lado, tampoco olvidemos que ser madre conlleva mucho más que albergar al bebé en el vientre. Si bien hay procesos biológicos que facilitan el establecimiento del apego por medio de las "hormonas del amor" producidas al momento del parto, aquellas madres (o padres) que adoptan a sus hijos, compensan la falta de conexión biológica de otras maneras. El trato amoroso y respetuoso hacia los hijos es un acto consciente, y el vínculo de apego que se establece entre padres e hijos a través de una convivencia armoniosa, puede ser igual o más fuerte que el coctel biológico del amor.

Los beneficios de la crianza con apego

Más inteligencia. No es simplemente sentido común, lo dice también la ciencia. Todo lo que los científicos han aprendido acerca de la manera en la que los bebés aprenden, se relaciona con la idea de que los bebés que crecen en un ambiente donde hay mucho contacto físico y respuesta a sus necesidades, son más inteligentes. ¿Cómo sucede esto? Conozcamos un poco acerca de la biología del cerebro para ver como la crianza con apego influye en la inteligencia.

Al nacer, los bebés tienen en su cerebro miles de cables enmarañados llamados neuronas. Las neuronas son las células que conducen los pensamientos al cerebro. Muchas de las neuronas en el cerebro del recién nacido, sin embargo, están desorganizadas y desconectadas entre sí. Conforme el bebé desarrolla y aprende, su cerebro crece y sus neuronas forman nuevas conexiones, organizando así esa maraña de neuronas inicial. Estas conexiones son la manera en la que el bebé aprende y va organizando el mundo que le rodea.

La inteligencia depende del número de neuronas que hayan hecho conexión y las conexiones dependen directamente del ambiente del bebé, un ambiente sensible a sus necesidades y que le permita interactuar con el mundo de manera segura. Si el bebé llora mucho tiempo antes de que los adultos satisfagan la necesidad que lo llevó a llorar, ese bebé no tendrá la seguridad ni la energía mental de explorar el mundo y formar más conexiones cerebrales pues está preocupado de sobrevivir. Así pues, los bebés que se crían con poca interacción y poca respuesta de los adultos, no tienen las mismas oportunidades que aquellos bebés que se crían en un ambiente más sensible a sus necesidades. Recuerde: mientras más conexiones neuronales se forman en los primeros años de vida, más inteligentes serán. La inteligencia no depende de los caros juguetes educativos, ni de las clases de estimulación temprana, ni de los videos de Mozart. El mejor estimulante es usted. Más que ningún material novedoso y costoso, los bebés necesitan adultos afectuosos que respondan a sus necesidades para que así puedan desarrollar a su máximo potencial.

Los estudios dicen:

Las doctoras Sylvia Bell y Mary Ainsworth de la Universidad de John Hopkins comprobaron que los niños con vínculos de apego seguros cuyas madres mostraban respuestas apropiadas a las necesidades de sus bebés (por ejemplo, sabían cuando cargarlos y cuando sentarlos) tenían un desarrollo motriz e intelectual más avanzado. Estos estudios también demostraron que los bebés que pasaban mucho tiempo en el corral tendían a tener un desarrollo más lento que aquellos bebés que tenían la libertad de explorar libremente en el suelo en cercanía de sus madres. Estas científicas concluyeron que una relación armoniosa entre madre e hijo estaba directamente relacionada al coeficiente intelectual del niño.[4]

Mejor salud. El Dr. William Sears y la Dra. Marta Sears son dos pediatras infantiles estadounidenses muy conocidos por ser partidarios de la crianza con apego y por escribir numerosos libros sobre bebés. En sus treinta años de trabajo ellos han visto que los bebés criados con apego son generalmente más sanos, frecuentan el doctor menos que otros y cuando se enferman, generalmente sanan más rápido. La razón por la cual son más sanos tiene que ver con la lactancia. La leche materna protege al bebé de las enfermedades gracias a las inmunidades que la mamá pasa a su bebé a través de la leche. Además, los bebés con padres que responden efectivamente a sus necesidades tienen niveles más bajos de estrés. Las hormonas del estrés

---

[4] Ainsworth & Bell, (1970).

son en parte responsables de que el sistema inmunológico (tanto de adultos como de bebés) no responda efectivamente.

Finalmente, los padres que crían con apego están usualmente más entonados a las emociones de sus hijos de manera que pueden detectar cambios emocionales antes de que las enfermedades se desarrollen. Los bebés usualmente muestran cambios de comportamiento (por ejemplo, se ponen más irritables) antes de que haya cambios físicos.

Los estudios dicen:

En 1958, la Dra. Marcelle Geber estudió a 308 niños en Uganda cuyos padres practicaban la crianza con apego, el cual es un estilo típico para esa cultura (como lo es también para muchos de nuestros grupos étnicos latinoamericanos quienes no solo dan de lactar pero también cargan a sus bebés en la espalda a donde van). Geber comparó el desarrollo motriz de estos niños con otros niños europeos cuyos padres practicaban un estilo más distante y rígido de criar (los bebés tenían biberones, dormían en sus cunas y salían a pasear en el cochecito de bebé). Ella concluyó que los niños de Uganda mostraban un desarrollo motriz e intelectual mucho más desarrollado el primer año.[5]

Mejor crecimiento y desarrollo. No solamente son más inteligentes y más sanos, sino que también crecen a su máximo potencial tanto física como intelectual y emocionalmente. Esto lo hacen porque no necesitan gastar sus energías en solicitar a sus padres que atiendan sus necesidades, entonces usan esa energía para desarrollar. Los bebés con vínculos de apego seguros también responden mejor fisiológicamente. De hecho, los niveles de cortisol (la hormona que nos ayuda a responder apropiadamente en situaciones estresantes) son los justos y necesarios en los bebés criados con apego. Mucho cortisol puede estresar el cuerpo de un bebé y muy poco cortisol lo puede enfermar. Los bebés con pocos niveles de cortisol son generalmente apáticos o tienen niveles de estrés muy altos y están constantemente ansiosos. Por eso es muy común ver que los niños que

---

[5] Geber, M., (1958).

crecen en los orfanatos son más pequeños y a veces hasta apáticos. Por el contrario, los bebés criados con apego mantienen contacto visual con la gente, son más sociables y tienen un brillo en sus ojos muy especial.

Mejor comportamiento y más sociabilidad. Ya que la crianza con apego involucra constante proximidad, los bebés criados así no necesitan llorar mucho para llamar la atención de los adultos. Si un bebé se despierta solo en su cuna llorará para que lo atiendan, pero si duerme cerca de sus padres (o mejor aún, en la cama de ellos) no necesitará llorar pues habrá siempre un adulto a la vista o al alcance de sus manos. De la misma manera, si un bebé tiene hambre y sus padres han aprendido sus señales de hambre, sabrán satisfacer esa necesidad inmediatamente de manera que el bebé no necesitará llorar.

Los estudios dicen:

Field realizó un análisis experimental en el que concluyó que las caricias, el ser tocados y los masajes, son fundamentales para el desarrollo socio-emocional y físico de los bebés. Además encontró que los masajes tienen un efecto terapéutico[6].

Varios experimentos conducidos con bebés humanos y crías animales han mostrado que mientras más tiempo están separados de sus madres, más altos son los niveles de cortisol (lo cual puede causar estrés crónico y ansiedad). Además, los bebés que están en constante proximidad con sus madres muestran niveles más altos de enzimas y de hormonas de crecimiento, los cuales son esenciales para el crecimiento del cerebro y del corazón. Todos estos investigadores han llegado a la siguiente conclusión: que la madre actúa como reguladora de la fisiología de su bebé[7].

---

[6] Field, T., (2010).

[7] Sears, W. (2001).

Se nos ha dicho siempre que el llanto es la manera en que los bebés se comunican y, efectivamente, así es. Sin embargo, mucho antes del llanto, los bebés se comunican de otras maneras (por ejemplo, mueven sus labios cuando quieren comer o patalean suavemente cuando quieren ser cargados). El saber leer e interpretar sus señales de comunicación puede ayudarnos a evitar a que se produzca el llanto. El llanto es el último recurso de comunicación que los bebés usan cuando sus primeros intentos de comunicación han fallado. Sin embargo, si los adultos reaccionan y responden solamente al llanto, este se convertirá en el <u>único</u> recurso de comunicación que el bebé usará pues ha aprendido que es el único que le sirve.

El llanto como método de comunicación, y siempre que no sea prolongado, no es perjudicial. Pero una vez que estalla, es más difícil lograr que el bebé regrese a su estado emocional normal. Un bebé que lacta y que duerme en la cama con mamá (o con los dos), por ejemplo, aprende a encontrar los senos por la noche cuando está hambriento, aún en plena oscuridad. Si éstos no están al alcance de su boca, entonces el bebé emite quejidos de hambre ante los cuales la madre (estando tan cerca) reacciona inmediatamente, satisfaciendo esa necesidad antes de que estalle el llanto. De no estar tan cerca la madre, sería más difícil satisfacer esa necesidad a tiempo, pues una vez que estalla el llanto, les toma más tiempo a los dos conciliar el sueño nuevamente.

Estos modelos iniciales de cuidado que reciben de sus padres se quedan con los niños a lo largo de su infancia y tienen una influencia directa en sus comportamientos posteriores. Aquellos bebés que no necesitan llorar para llamar la atención de sus padres, cuando crecen, son generalmente niños que no gritan, no patalean, ni hacen berrinches para pedir lo que quieren o necesitan. Estos niños son más empáticos y más sensitivos porque ese es el modelo de comportamiento que han recibido de sus padres.

Los estudios dicen:

La australiana Priscilla Dunstan es conocida por descifrar el lenguaje de los bebés. Según sus estudios, en cooperación con Brown University, los bebés recién nacidos de 0 a 9 meses tienen su propio lenguaje universal. Producen ciertos sonidos como una forma de

---

aviso y para llamar la atención de sus padres respecto a una necesidad básica de su cuerpo. Dunstan identificó nueve tipos de sonidos que indican diferentes necesidades[8].

Un desarrollo cerebral más organizado. El cerebro de una persona crece mucho más en los primeros tres años de vida que en ningún otro momento de la vida. ¿Puede un ambiente positivo los primeros tres años impactar la organización neurológica e influir en nuestros patrones de comportamiento? Creo firmemente que sí.

El cerebro en desarrollo del bebé es una maraña de cables sin conectar llamados neuronas. Al final de cada neurona hay unos filamentos que se conectan con otras neuronas formando nuevos senderos cerebrales. Esta es una de las maneras en las que el cerebro desarrolla patrones de asociación, hábitos y maneras de actuar y de pensar. En otras palabras, de esta manera el cerebro se organiza. La crianza con apego promueve un equilibrado comportamiento en los niños que no solo les ayuda a organizar su fisiología, sino también su desarrollo psicológico.

Los niños con poca organización cerebral o con neuronas no conectadas, sin embargo, corren el riesgo de que sus cerebros terminen con senderos neurológicos desorganizados, que con el tiempo, se pueden convertir en problemas de comportamiento, de atención, o de impulsividad, problemas que en estos últimos años son cada vez más prevalentes. A pesar que al momento no hay suficientes estudios que lo demuestren, dado el avance de la neurociencia en los últimos años, se cree que las investigaciones científicas muy pronto confirmarán que muchos síndromes del comportamiento pueden ser fácilmente evitados los primeros tres años de vida.

Los estudios dicen:
Las investigaciones demuestran que el apego influye directamente en la organización neuronal y en las funciones ejecutivas de la corteza pre-frontal. Siete de nueve funciones de la corteza pre-frontal cerebral son

[8] Dunstan, P., (2012).

resultado de un apego seguro (regulación del cuerpo, comunicación sintonizada, regulación de las emociones, empatía, flexibilidad, conciencia de sí, e inhibición del miedo) Dan Siegel ha demostrado además que el apego ayuda a las neuronas a fortalecer sus sinapsis cerebrales en los circuitos y canales cerebrales que después se convierten en nuestras representaciones mentales y modelos de interacción[9].

En el 2012, investigadores de la Universidad de Washington en St. Louis, analizaron la influencia de un vínculo de apego seguro en el hipocampo de 92 niños entre 4 y 7 años. Para ello, crearon una situación llamada "la tarea de espera" que consistía en pedir a cada madre que el niño debía esperar ocho minutos para abrir un regalo que tenía a la vista y que estaba envuelto de forma muy llamativa. Luego, mediante resonancia magnética, comprobaron que los niños que habían recibido una ayuda adecuada de sus madres para no abrir el regalo (lo cual es indicador de su estilo de crianza), tenían un hipocampo un 9.2% mayor que los que no habían recibido ayuda[10].

Mejor balance emocional y empatía. Los niños criados con apego muestran niveles más altos de positivismo y una mejor regulación de sus emociones en la escuela. Además, los niños cuyos padres satisfacen sus necesidades efectivamente aprenden de ellos a ser complacientes, lo cual influye en su disposición a obedecer las reglas de los adultos y los hace personas de bien con actitudes pro-sociales.

Los estudios dicen:
Un estudio hecho con niños americanos entre 9 y 11 años evaluó su habilidad de regular sus emociones en la escuela y en casa. Aquellos niños con vínculos de apego seguro y con madres más responsivas e involucradas mostraron niveles mayores de buen humor, mayor

---

[9] Siegel, D. citado por Graham, L., (2008).

[10] Luby et al., (2012).

cooperación y mejor regulación de sus emociones en sus salones de clase[11].

Otro estudio de niños de edades entre 1 a 4 concluyó que los niños que tienen interacciones positivas con sus padres tenían conciencias morales más desarrolladas una vez que entraban a la escuela. Además, las probabilidades de que estos niños cumplan con las instrucciones de los adultos eran mayores[12].

Mitos comunes acerca de la crianza con apego

Mito #1. La crianza con apego es solo para las mujeres

Querido lector (o lectora), estamos en el siglo XXI y los hombres de todas las culturas están tomando roles cada vez más proactivos en la crianza de sus hijos. A pesar que la gran mayoría de bebés en el mundo son criados por sus madres y los estudios científicos relacionados a la crianza (como el estudio de Ainsworth) involucran por lo general solo a mamás, es importante aclarar que un vínculo de apego seguro puede establecerse con mamá, con papá o con los dos por igual (incluso con la abuela).

La figura de apego para cualquier bebé es la persona a la que el bebé busca cuando está cansado, frustrado, asustado, hambriento o con sueño. Es la persona en la que el bebé ha aprendido a confiar porque ha sabido satisfacer sus más básicas necesidades. En la mayoría de familias esa persona es la mamá; en otras, puede ser el papá o la abuela. En familias donde se comparte la crianza entre padres por igual, el bebé tiene dos figuras de apego, con preferencia a una de las dos dependiendo de la necesidad. Cada familia es una entidad independiente y con una dinámica única. Por eso es importante que mientras lea este libro piense en sus propias circunstancias y trate de adaptar lo que aprende a su propia realidad.

---

[11] Kerns et al., (2007).

[12] Kochanska & Murray, (2000).

Mito # 2. La crianza con apego es un nuevo estilo de criar

No hay nada novedoso acerca de la crianza con apego. De hecho, está basado en las maneras antiguas de crianza en culturas tradicionales (pregúntele a sus abuelos sobre cómo fueron criados o cómo criaron a sus padres y seguramente encontrará algunas semejanzas).

Imagínese que vive en una isla desierta y acaba de tener a su bebé. No hay expertos ni parientes que le digan que hacer. Seguramente, de manera natural usted criaría a su bebé al estilo "crianza con apego", es decir, usted daría de lactar a demanda, mantendría a su bebé físicamente cerca de usted a todo momento (incluso al dormir por la noche) y respondería a sus necesidades apropiadamente. En aquella isla imaginaria no hay cunas ni carritos de bebé. Usted cargaría a su bebé en la espalda o en su pecho con un pedazo de tela, un pareo o con lo que encuentre en su entorno. Sería como llevar otro accesorio de vestir.

En nuestra cultura, lamentablemente, hemos recibido la influencia de autores estadounidenses y europeos que nos han alejado de las maneras tradicionales de crianza y nos han enseñado a criar a nuestros hijos de una manera más rígida y fría, basada en teorías conductistas que son generalmente efectivas en el ámbito educativo. En definitiva, el conductismo y la rigidez son "lo nuevo" y funcionan maravillosamente en una academia militar. Sin embargo, cuando se aplica esa misma visión al ámbito familiar, esto trae ciertas desventajas.

Al aplicar métodos conductistas los niños aprenden a basar su comportamiento en un estímulo externo y se comportan bien para ganar un premio o para evitar un castigo. Estos niños nunca aprenden a razonar internamente y a tener juicio propio acerca de sus comportamientos y el de otros. Con un marco conductista, los niños simplemente aprenden que ciertos comportamientos específicos son permitidos y otros no, de manera que cuando se enfrentan a una nueva situación o a un nuevo comportamiento que requiere de una reflexión interna o de una decisión moral, estos niños suelen no saber qué hacer pues nunca aprendieron a pensar y reflexionar antes de actuar.

Mito # 3. La crianza con apego "malcría" a los niños y los hace muy "mimados"

Es muy común en nuestra cultura escuchar comentarios como ¡Qué mimada es esa niña! ¡Todo quiere y todo le dan! Mi pregunta para aquellos quienes hacen ese tipo de comentarios sería: ¿De qué edad es la niña? ¿Qué tipo de cosas pide? ¿Es algo que necesita o algo que quiere?

Saber marcar la diferencia entre lo que los niños necesitan versus aquello que quieren a cada etapa de su desarrollo es la clave para diferenciar entre la crianza con apego y la malacrianza. La crianza con apego no es permisiva, es decir, no permite que los niños hagan lo que quieran ni se les da todo lo que piden. Los padres que crían con apego intervienen rápida y apropiadamente para corregir los comportamientos que necesitan ser corregidos. Por ejemplo, si su bebé de dieciocho meses está empezando a abrir todos los cajones de la cocina, los padres permisivos dejarían que lo siga haciendo (ojalá removiendo los cuchillos y otras utensilios punzantes pero dejando otros objetos que se pueden romper). Los padres que crían con apego, sin embargo, entenderían que si bien los límites son importantes, también lo es la exploración. Por lo tanto, una solución acertada sería permitirle al bebé que abra y explore un cajón específico que hemos elegido para él y que esté lleno de cosas plásticas que pueda explorar e incluso botar al piso sin ningún peligro.

Por otro lado, se piensa que las prácticas de la crianza con apego tales como responder inmediatamente a las necesidades, cargar al bebé frecuentemente y dormir con el bebé lo vuelven "dependiente", "mimado" y/o "manipulador" de los adultos. Esto no es cierto. Los estudios demuestran todo lo contrario. Los bebés cuyos padres satisfacen sus necesidades apropiadamente no necesitan llorar o gritar para que sus padres los atiendan. Sin embargo, después de unos años cuando los niños ya pueden comunicar sus necesidades claramente, el responder a todos sus deseos y el no saber decir no, sí puede convertirlo en "mimado" y lo que es peor, en un "pequeño delincuente" (algunos escritores incluso definen a la permisividad de los padres como un tipo de maltrato).

Las necesidades de los niños van cambiando con el paso del tiempo. Los bebés se vuelven menos dependientes de sus padres y empiezan a demandar cosas que quieren, no que necesitan. Es importante diferenciar la necesidad del deseo para así poder poner límites apropiados que sean sensibles a cada etapa evolutiva del desarrollo.

Mito #4. Los padres que crían con apego son mártires

Créame que si yo fuera una mártir, no tuviera ni la motivación ni el tiempo ni la energía para escribir este libro. Es justamente porque esta manera de criar me ha traído tantas retribuciones, que tengo una gran necesidad de compartir mis experiencias con otras mamás y papás. Un mártir es una persona que sufre por defender una causa. Si tener hijos es sufrir, entonces ser mamá o papá no es para usted. No niego que el trabajo de criar a un ser humano sea arduo, sin embargo, los hacemos más arduo si pretendemos ir en contra de la evolución natural del desarrollo infantil.

Por otro lado, la crianza con apego involucra a la familia extendida, de manera que no solo está en manos de una persona o pareja toda la responsabilidad. Tanto mamá como papá necesitan tomarse descansos periódicos para recargar energías y para no sentirse atados a un rol rutinario. Ambos padres necesitan también, de vez en cuando, dejar a los bebés en sus sillitas o cunas para poder atender algo en la cocina o para contestar una llamada. Tómese esos descansos necesarios y adopte una filosofía de crianza con algo de flexibilidad, de lo contrario, estaría usted esclavizado a una receta.

Mito #5. Los bebés necesitan horarios

Para los bebés recién nacidos no existen los horarios. No saben diferenciar el día de la noche. Los que necesitamos horarios somos los adultos porque nos permiten organizarnos mejor y funcionar más efectivamente en nuestra vida cotidiana. Por eso, para nuestra conveniencia, pretendemos que el bebé no se despierte por la noche o que tome la siesta a la hora que mejor nos convenga a nosotros. Recuerde que el primer año de vida, los lo que los bebés quieren hacer es lo que necesitan hacer. Por ejemplo, si el bebé quiere dormir es porque necesita dormir, o si quiere comer a las tres de la mañana es porque necesita comer. Quizás no le guste o convenga saber eso, pero es la verdad. Al entender y aceptar que las necesidades de los bebés son reales y genuinas, usted se puede evitar muchas frustraciones.

Una diferenciación necesaria en este punto es aquella que concierne a los horarios y las rutinas. Rutina y horario son dos cosas diferentes. Las rutinas son necesarias para establecer un ambiente seguro y predecible para el bebé. La rutina es hacer lo mismo casi diariamente y más o menos en el mismo orden. Horario, por el contrario, significa ponerle una hora a todo lo que hacemos. La rutina significa salir a caminar con el bebé por la tarde después de comer; el horario significa que debe dormir apenas lleguen de la caminata a las 5 de la tarde, por ejemplo. Las rutinas permiten al bebé sentir que hay un ambiente predecible. Los horarios, por el contrario, hacen sentir a los padres y a los bebés esclavos del tiempo.

Capítulo IV.
Dormir en proximidad del bebé

"Una madre es ciertamente más que una proveedora de servicios; ella es la entidad alrededor de la cual el bebé humano fue diseñado para estar no solo al despertar, sino al dormir". –James McKenna-

Adoptando una actitud realista y positiva

Los padres primerizos experimentan una serie de cambios en sus vidas a partir de la llegada de un bebé. La nueva dinámica que el bebé nos impone por la noche es, sin duda, el cambio más difícil de aceptar y el que más paciencia tomará. Los bebés fueron diseñados para despertarse frecuentemente por la noche porque tienen hambre, tienen sed, están desarrollando, creciendo, están asustados, se sienten solos, les duele algo, están mojados y sus dientes están creciendo. Tienen mil motivos para despertarse por la noche y no hay nada que usted pueda hacer. La actitud más inteligente que usted puede tomar es aceptar que los bebés son así y dejar que la naturaleza tome su curso.

Podríamos llamar a este proceso de muchas maneras. Podríamos llamarlo "entrenamiento" o podríamos llamarlo "formas de hacer dormir al bebé", sin embargo, si lo llamamos "crianza nocturna", esto nos recuerda que este proceso es parte del paquete de la crianza para el que nos apuntamos cuando decidimos ser padres. La crianza no termina al cabo del día. Es un trabajo de 24 horas con pocos descansos y sin vacaciones. Una vez que acepta que la crianza no termina con la caída del sol, entonces le será más fácil responder a las necesidades de su bebé por la noche con una sonrisa y no con una cara malgenia.

El ayudar a un bebé a dormir toda la noche es más complicado que, por ejemplo, entrenar a un cachorro a hacer sus necesidades afuera o en un cierto lugar. El proceso es por lo general más largo y conlleva mucha consistencia y paciencia, pero sobre todo, entendimiento. Ese pequeño ser humano necesita aprender a conciliar el sueño al cabo de un día lleno de aprendizajes y necesita aprender a volverse a dormir cada vez que se despierta por la noche. Las lecciones que usted le enseña a su bebé por la noche no solo le ayudarán a aprender a dormir, sino también le ayudarán a aprender a confiar en usted. El vínculo de apego por la noche sigue estableciéndose, pero se muestra de diferente manera porque usted necesita dormir.

Sabemos que a pesar de que inevitablemente su sueño será interrumpido con la llegada de un bebé, el negar sus propias necesidades de dormir no es la mejor opción. Un sueño reparador es tan importante para los padres como para el bebé. La fatiga y la privación de sueño comprometen nuestra salud emocional y física lo cual repercute en nuestra capacidad de responder eficientemente a las necesidades del bebé y a las demandas de nuestro trabajo o rutina diaria. Un sueño reparador, por el contrario, nos permite recargar las baterías para el siguiente día.

Por lo tanto, no se trata de olvidarnos de nosotros mismos, de nuestra intimidad o de nuestra privacidad. Se trata de encontrar el punto medio entre la satisfacción de las necesidades básicas de nuestros bebés y un descanso reparador para todos. Ese punto medio puede verse muy diferente a lo convencional pues lo convencional resulta muy poco realista. Los comerciales, revistas y películas de Hollywood nos pintan una idea muy romántica de las necesidades de un bebé. Nos venden la idea de un cuarto de bebé preciosamente decorado con su cuna y su mecedora, pero a la hora de la verdad, un bebé prefiere estar cerca a sus padres y le da lo mismo si tiene un cuarto decorado o no.

Piense en la necesidad de su bebé de estar próximo a usted a toda hora, pero al hacerlo, no se olvide de sus propias necesidades. Analice sus rutinas, sus horarios y sus dinámicas. Olvídese de lo que dice la gente. La información es poder y usted tiene esta información en sus manos para sustentar todas sus decisiones relacionadas con la crianza de sus hijos. Hay mucha evidencia científica que respalda la práctica del colecho (dormir con o muy cerca del bebé). Sin embargo, si aún después de haberse informado, le parece que el colecho no es para usted y/o su pareja, pues no lo haga. Así de simple. Contrario a lo que muchos piensan, la crianza con apego no estipula que los bebés deban dormir en la cama de los padres. Lo que sí estipula, sin embargo, es la necesidad del bebé de estar cerca de sus padres de manera que pueda ser atendido pronta y efectivamente por la noche, aún si eso significa tener que levantarse cada vez que el bebé se despierta. Lo que usted haga para satisfacer esa necesidad ya depende de cada familia.

El dormir de un bebé

El primer paso para entender por qué los bebés no pueden dormir toda la noche es entender cómo son sus ciclos de sueño. Una vez que comprenda cómo, por qué y cuándo los bebés duermen, le será mucho más fácil decidir cuáles son las mejores prácticas para su familia.

Para una madre o un padre primerizo, los ciclos de sueño de su bebé pueden parecer totalmente desorganizados. Los recién nacidos duermen en periodos de 30 minutos a 4 horas durante el día y la noche y se despiertan fácilmente sin importar que hora del día sea. Esto es porque una gran porción de su dormir la pasan en un estado de sueño ligero o activo caracterizado por movimientos rápidos de sus ojos, respiración irregular, movimientos de su cuerpo ocasionales y ciertas vocalizaciones. Cuando concilian el sueño, los bebés entran en un ciclo de sueño ligero por unos 30 minutos más o menos, y después entran en un ciclo de sueño más profundo con respiraciones más regulares, menos movimientos corporales y oculares. Durante este ciclo profundo es más difícil que se despierten, pero este ciclo solo dura aproximadamente 50 minutos. Al cabo de este ciclo o se despiertan o entran a otro ciclo ligero.

Por otro lado, los recién nacidos varían en la cantidad total de tiempo que pasan dormidos. En los primeros días de vida, el recién nacido promedio duerme entre 16-18 horas durante el día. Para la cuarta semana, el promedio es de 14 horas aproximadamente pero no todos los bebés son iguales, unos duermen un poco más, otros un poco menos. Es muy raro que un bebé duerma más de 5 horas de corrido por la noche, pero esto dependerá de algunos factores como si se alimenta con leche materna o fórmula, y de la proximidad con la que duerme en relación a su madre.

Según el Dr. James McKenna, profesor de la Universidad de Notre Dame, ciertos factores como el tipo de alimentación y la cercanía a los padres a la hora de dormir, son determinantes en los patrones de sueño de un bebé. Sus estudios han demostrado que la lactancia y la frecuencia de los despertares de un bebé se relacionan pues la leche materna se digiere más fácilmente y rápidamente que la fórmula y, por lo tanto, los bebés amamantados se despertarán para comer más frecuentemente que aquellos que toman fórmula. Veremos más adelante la asociación entre otros factores ambientales y los patrones del sueño de un bebé. Por lo pronto, sepa usted que el sueño del bebé se rige en base a un solo objetivo: comer.

El sueño de un adulto, por el contrario, está comandado por ritmos circadianos, es decir, cambios fisiológicos que siguen un ciclo de 24 horas. Muchos de estos cambios están influenciados por nuestra exposición a la luz. Cuando uno sale por la mañana uno está ayudando a nuestro ritmo circadiano a mantener un reloj interno. Aún si no dormimos bien, el exponernos a la luz del sol por las mañanas ayuda a que nos mantengamos más alertas durante el día y menos por la noche. A medida que el día se acaba y el sol se esconde, nuestro cuerpo empieza a producir menos cortisol (la hormona que nos mantiene alertas) y más melatonina (la hormona que nos pone soñolientos). Cuando nos exponemos a luces artificiales muy brillantes en la tarde o por la noche, eso puede demorar los cambios naturales de nuestro cuerpo haciendo que nos sea más difícil conciliar el sueño.

Desafortunadamente para los padres, el sueño de un bebé no está gobernado por ritmos circadianos. Desde el embarazo los fetos están entonados a la fisiología de sus madres por el día y la noche. El corazón de un feto y los ritmos respiratorios se aceleran cuando la madre está activa y se enlentece cuando ella está dormida. Esos cambios están influenciados por las hormonas de la madre las cuales pasan a través de la placenta al reloj interno del feto.

Después del nacimiento, sin embargo, se rompe esta conexión hormonal y los recién nacidos deben confiar en sus propios relojes internos, los cuales todavía no han desarrollado su propio ritmo circadiano. La vida de un recién nacido revuelve alrededor del alimento. Sus patrones de sueño están determinados por el tiempo que les toma el comer, el digerir y el sentir hambre de nuevo. Para la mayoría de los recién nacidos esto significa comer cada 2 a 4 horas y dormir en intervalos irregulares espaciados.

La definición científica de qué significa dormir toda la noche para un bebé recién nacido es 5 horas. Así es, solo cinco horas. Debemos tener expectativas realistas si no queremos frustrarnos en el intento pues no existe un método o receta que además sea respetuosa y sensible para ayudar a un bebé a dormir de corrido más de 5 horas a la vez. El despertarse una o dos veces cada noche por los primeros dos años de vida es totalmente normal y un bebé menor a nueve meses puede necesitar despertarse simplemente por necesidad emocional y no necesariamente por hambre. Algunos niños menores a 12 meses todavía sienten hambre cada 4 horas y quieren comer. Hay de todo. Sin embargo, la mayoría de los bebés se despiertan dos o tres veces cada noche hasta los seis meses y una o dos veces hasta el año. Algunos se despiertan una vez desde el año hasta el segundo año.

Aquí hay algunas estadísticas de un estudio de la Universidad de Canterbury en Nueva Zelandia sobre el dormir de los niños.

- La mayoría de los bebés empiezan a consolidar su sueño alrededor de los 3 meses
- Más del 50% de los bebés duermen 5 horas de corrido alrededor de los 3 meses
- Más del 50% de los bebés duermen 8 horas de corrido a los 5 meses
- 1/3 de los bebés no duermen 8 horas de corrido al cumplir el año.

A continuación, los promedios de sueño por edad, cortesía de Elizabeth Pantley[13].

Edad	Número de siestas	Duración total de las siestas	Tiempo despierto entre siestas	Horas de sueño por la noche*	Horas totales de sueño día + noche**
Recién nacido***					
1 mes	3-4	6-7 horas	1-3 horas	8½- 10 horas	16-15 horas
3 meses	3-4	5-6 horas	2-3 horas	10-11 horas	15 horas
6 meses	2-3	3-4 horas	2-3 horas	10-11 horas	15-14 horas
9 meses	2	2 ½ - 4 horas	2-4 horas	11-12 horas	14 horas
12 meses	1-2	2-3 horas	3-4 horas	11½- 12 horas	13½-14 horas
18 meses	1-2	2-3 horas	4-6 horas	11 ¼ - 12 horas	13 14 horas
2 años	1	1 ½ -3 horas	5-6 ½ horas	11-12 horas	13-13½ horas
2 ½ años	1	1 ½ -2 horas	6-7 horas	11- 11 ½ horas	13-13½ horas
3 años	1	1-2 horas	6-8 horas	11-11 ½ horas	12-13 horas
4 años	0-1	0-2 horas	6-12 horas	11- 11 ½ horas	11½-12½ horas
5 años	0-1	0-1 horas	Todo el día	11 horas	10-12 horas

*Estos son promedios que no necesariamente indican horas de sueño ininterrumpido pues los despertares entre los ciclos del sueño son normales.

---

[13] Pantley, E., (2002). The No-Cry Sleep Solution: Gentle Ways to Help Your Baby Sleep Through the Night. McGraw-Hill.

**Las horas no siempre se suman como están indicadas en la tabla pues cuando los bebés duermen siestas más largas, puede que duerman menos por la noche, y viceversa.

*** Los bebés recién nacidos duermen 16-18 horas cada día distribuidas igualmente en 6 o 7 períodos de sueño.

Los datos de la tabla anterior son solo datos generales. No olvide que cada niño es diferente, al igual que son las rutinas familiares y los espacios de cada miembro de la familia a la hora de dormir. A pesar de las diferencias individuales, sin embargo, la buena noticia es que los estudios científicos indican que los ritmos circadianos empiezan a desarrollarse los primeros días después del nacimiento. Esos ritmos dictarán qué tan rápido podrán los bebés adaptarse a las rutinas de 24 horas.

¿Cómo ayudar a los bebés a adaptarse a las rutinas diarias?

1. *Haga a su bebé parte de su rutina diaria.* Algunas investigaciones han mostrado que cuando los bebés son más activos durante las mismas horas que sus madres están activas, éstos se adaptan más rápidamente a la rutina diaria.

2. *Reduzca la estimulación por la noche.* Cuando su bebé se despierta por la noche para comer, mantenga el movimiento, el ruido, la luz y la actividad a un mínimo. Lo ideal sería que lo tenga tan cerca a usted como le sea posible para que escuche sus primeros intentos de comunicación y así no se despierte totalmente, pues una vez que llora le toma más tiempo conciliar el sueño.

3. *Exponga a su bebé al ambiente y a la luz natural.* Algunos estudios han demostrado que los bebés que pasan afuera y son expuestos a más luz natural desarrollan ritmos circadianos más rápido.

4. *Dé de lactar por la noche.* La leche materna produce un aminoácido llamado triptófano que es usado por el cuerpo para producir melatonina (la hormona que nos pone soñolientos). Este aminoácido es producido por la madre

en mayor cantidad por la noche de manera que cuando los bebés lo consumen por la noche se duermen más rápido. La fórmula también contiene este aminoácido pero los niveles de concentración son menores al de la leche materna producida por la noche.

Los bebés no están diseñados para dormir solos

Los bebés humanos somos dependientes por mucho más tiempo que otras especies. Somos los más neurológicamente inmaduros de todos los primates. Nacemos solo con el 25% de nuestro volumen cerebral porque ese es el tamaño más grande que el canal vaginal de la madre puede albergar. El desarrollo del 75% restante del cerebro sucede después del nacimiento y el cuerpo de la madre es el único ambiente familiar para el bebé. La proximidad con el cuerpo de su madre es la única manera que tiene el bebé de asegurar un pleno desarrollo neurológico de su cerebro, algo que la tecnología moderna no ha podido todavía reemplazar.

De la misma manera que nuestras lenguas han sido dotadas con papilas gustativas que nos permiten discriminar entre lo dulce, lo salado y lo grasoso, lo cual es crítico para la supervivencia humana, los bebés humanos han sido dotados con la necesidad fisiológica y psicológica de sentirse protegidos. La composición de la leche materna requiere ser extraída frecuentemente por la noche. Los olores de la madre, sus movimientos, su respiración y su roce corporal reducen las instancias de llanto en los bebés y al mismo tiempo regulan la temperatura de su cuerpo, su respiración, su absorción de calorías, sus niveles hormonales, su sistema inmunológico y su oxigenación. La combinación de todos estos beneficios que proporciona el estar junto a la madre, hace además que los bebés estén constantemente felices y que se sientan seguros. En otras palabras, dormir con los padres o solo con la madre es bueno para ellos, porque así nos diseñó la naturaleza.

Los estudios del Dr. James McKenna en el laboratorio de la Universidad de Notre Dame, han ayudado a los científicos a comprender que los bebés humanos prefieren dormir cerca de sus madres y no en el colchón de sábanas satinadas en aquella cuna solitaria. Curiosamente, esa es la preferencia de las madres también. Sin embargo, la cultura nos ha enseñado a valorar la independencia mucho más que el bienestar psicológico y la felicidad de nuestros hijos. "¿Ya duerme toda la noche?" o ¿Ya duerme solo?" son las preguntas frecuentes de nuestros amigos y familiares. Este tipo de comentarios y/o preguntas siempre van con un "ya" de por medio, indicando una ilógica prisa de que los bebés se independicen , que se paren, que gateen , que caminen y olvidando por completo que fueron completamente dependientes y vivieron una vida sin presiones durante los nueve meses anteriores.

Cuidado con los entrenamientos del sueño

Es entendible que los padres se desesperen para que sus bebés duerman toda la noche. Todos queremos tener un sueño reparador por las noches para poder funcionar efectivamente al siguiente día en nuestras rutinas y lugares de trabajo. En nuestro afán de recuperar la rutina que se tenía antes de la llegada del bebé, recurrimos a las recomendaciones y técnicas de los expertos. Todo el mundo, desde la suegra hasta el panadero de la esquina, se creen con potestad de opinar sobre cuestiones que les incumben únicamente a los padres. Este es justo el momento preciso en el que algún opinólogo aprovecha para mencionar las bondades del susodicho método de Estivill o, mejor aún, para aparecer por casa con el "Duérmete Niño" o el nuevo "¡A dormir!" envuelto en un precioso papel de regalo.

Millones de libros relacionados con el adiestramiento del sueño se han vendido alrededor del mundo. Entre los más populares están aquellos escritos por el Dr. Richard Ferber en Estados Unidos y de su aprendiz el Dr. Eduard Estivill de España.

La técnica de adiestramiento que ellos proponen se basa en el abandono del bebé en su cuna por periodos de tiempo que van incrementando sistemáticamente. La técnica además involucra ignorar el llanto del bebé. Estos métodos que ellos proponen en sus libros han demostrado ser métodos efectivos en lograr el objetivo deseado, es decir, la mayoría de padres que siguen la receta al pie de la letra logran que sus hijos duerman en sus cunas toda la noche. Sin embargo, lo que estos padres no saben es que el precio a pagar por unas noches más reparadoras y sin disrupciones puede ser muy alto. Estos libros no aluden a los efectos de este adiestramiento a largo plazo. Pero eso es obvio. El objetivo de estos doctores es lograr que los bebés duerman pues eso es lo que los padres quieren. El objetivo nunca ha sido la felicidad del bebé, ni que los bebés se desarrollen óptimamente. Todo lo que ellos recomiendan en sus libros a través de éste método inventado y sin respaldo científico, revuelve alrededor de la necesidad de los padres.

El Dr. Ferber es especialista en el área de la salud física y el Dr. Estivill es especialista en trastornos del sueño. Ninguno de los dos es psicólogo infantil de manera que no está dentro de su área de entrenamiento el aludir a los efectos psicológicos de tal adiestramiento. Interesantemente, el Dr. Ferber durante entrevistas realizadas recientemente ha declarado públicamente que se arrepiente de haber dado ciertos consejos a los padres a través de sus libros y publicaciones. Él admite además que una práctica alternativa y muy respetable es el dormir cerca de los padres como solución a lo que tanto él como Estivill perciben como un "problema". El "problema" del insomnio infantil. Es entendible que dos doctores sin entrenamiento en psicología infantil y desde una perspectiva adulta, consideren que un hecho fundamentalmente biológico -tal como el despertar frecuente de los bebés por la noche- sea un trastorno del sueño o un problema que necesite remediarse. Un "problema" que al parecer afecta al 100% de los bebés humanos porque no hay bebé que duerma toda la noche y que prefiera hacerlo en solitario. Me pregunto ¿qué les diría a estos doctores la madre naturaleza si ella pudiera hablar? Seguramente la naturaleza lo tomaría muy a pecho el que se implique que todos los bebés humanos vienen con falla de fábrica.

Así es como funciona el método Ferber o el método Estivill: No se empieza este entrenamiento antes del tercer mes. Primero se los deja llorar por 5 minutos solos en sus cunas al cabo de los cuales la madre (o el padre) entran a la habitación del bebé a reafirmarle que todo está bien. No se los debe cargar. Simplemente se les dice frases positivas que lo hagan sentir mejor y aún sigan llorando la madre sale de la habitación dejándolo llorar por 10 minutos. Después se repite el proceso y se los deja llorar por 15 minutos. El proceso se repite gradualmente en incrementos de 5 minutos hasta que finalmente se ha entrenado al bebé a no llorar por largos periodos de tiempo. Por lo general los intervalos de llanto disminuyen porque el bebé aprende a no depender de sus padres o porque simplemente está exhausto después de llorar por horas y su cuerpo inevitablemente cae dormido.

Este método ha sido efectivo para entrenar a muchos bebés, sin embargo, así los padres hayan seguido la receta al pie de la letra, hay ciertos bebés que no responden a este entrenamiento. Muchos desarrollan infecciones de oído por la congestión que conlleva el llanto prolongado. Si ese es el caso, la receta recomienda a los padres interrumpir el proceso mientras se recupera el bebé y retomarlo una vez que se termine la dosis de antibióticos. Además, dado que este método asume que no habrá cambios en los horarios y rutinas del bebé, algo tan simple como una salida a comer durante las horas de siesta del bebé puede interferir con el proceso de entrenamiento.

A pesar que éste método es duro tanto para los bebés como para los padres quienes instintivamente sienten la necesidad de consolar y de responder a su necesidad, los bebés por lo general responden al entrenamiento. Con el tiempo se rinden y dejan de llamar a sus padres con su llanto, lo cual se interpreta como que han aprendido a dormir solos sin necesidad de ser arrullados o amamantados. Debido a que no hablan, los adultos no sabemos qué es lo que nuestros bebés opinan y sienten después de haber pasado por esa experiencia. Sin embargo, los estudios científicos nos dan una buena idea de qué es lo que pasa físicamente dentro de sus cerebros y de sus sistemas corporales.

Hay un sinnúmero de estudios que han demostrado que el llanto prolongado eleva la frecuencia cardiaca, eleva la presión sanguínea en el cerebro, reduce los niveles de oxígeno y pone al corazón en un estado de estrés. Los niveles de cortisol, de adrenalina y de otras hormonas del estrés se elevan en gran medida, lo cual a la vez, impide el funcionamiento apropiado del sistema digestivo e inmunológico. Estos son simplemente algunos efectos físicos de un entrenamiento poco sensible. No se diga los daños psicológicos que son más difíciles de estudiar puesto que no se ven.

Sobre los efectos psicológicos del entrenamiento, apliquemos algo que ignoramos muchas veces llamado 'sentido común' ¿Qué es lo que realmente aprenden los bebés a partir de un adiestramiento basado en la negligencia y en el abandono durante una etapa en la que son completamente dependientes de los adultos? Aprenden a desconfiar y a no depender de sus progenitores. Aprenden que sus necesidades y sus llamados de auxilio no son importantes y que su mundo ahora es frío y solitario. Aprenden que las palabras de amor y de consuelo que reciben durante el día, no se aplican a la hora de dormir. Es muy posible que estas experiencias tan tempranas marquen de por vida su sentido de valor y de autoestima.

A pesar de todos los riesgos implicados en este tipo de entrenamientos, cabe aclarar que hay personas a quienes consideramos 'normales' quienes fueron entrenadas a dormir con estos métodos cuando eran bebés. Hay también personas que de adultas no pueden dormir sin una televisión prendida o sin música de fondo. Es muy difícil para la ciencia el poder determinar exactamente cuáles son las causas exactas de ciertos trastornos o problemas tanto físicos o psicológicos porque, por lo general, todo problema es causado por una combinación de factores. Sin embargo, sea cual fuere tu preferencia o estilo de crianza, recuerde que es igual de importante proteger la salud mental y física de nuestros hijos como lo es el proteger la nuestra.

Los padres que están privados de sueño no podrán ser padres amorosos y efectivos. Por el contrario, serán padres cansados, gruñones y frustrados. Así que ponga estas dos cosas en la balanza. No nos sirve de nada el privarnos de dormir para atender al bebé por la noche si es que eso implica que durante el día vamos a estar mal genios y menos tolerantes. Existen otras maneras más sensibles para entrenar a los bebés a dormir solos que no implican dejarlos llorar y hay también la práctica del colecho, que pone al bebé más contento y al mismo tiempo permite que los padres descansen mejor por la noche.

Tal vez más importante que lo que diga este libro, es saber escuchar su voz interna de madre o de padre y hacer caso a sus instintos. Si el dejar llorar a su bebé le hace sentir culpable o le incomoda, por algo será. La naturaleza no nos diseñó para abandonar a nuestras crías por la noche. De hecho, lo más seguro es que si las madres de la edad de piedra hubieran dejado a sus hijos en otro lugar de la cueva por la noche, no hubiéramos sobrevivido como especie.

Los estudios dicen:
Investigadores de la Universidad Harvard han estudiado el aprendizaje emocional de los bebés y su funcionamiento cerebral por años. Sus estudios sobre el estrés tóxico sugieren que los bebés que son dejados a llorar de manera constante y prolongada sufren daños permanentes en sus sistemas nerviosos que a esa edad no están completamente desarrollados. Los investigadores aseguran que estos daños hacen a los niños más susceptibles a desórdenes mentales tales como trastornos de ansiedad y ataques de pánico[14].

El colecho y sus beneficios

Los bebés humanos, como ya se dijo, no quieren ni deben dormir solos. Esa es la realidad. Todos los padres del mundo han dormido con sus hijos quizás más de una vez ya sea toda la noche o intermitentemente cuando se pasan a la cama de sus padres. Para muchos padres resulta más fácil permitirles dormir con ellos que perder valiosas horas de descanso en plena madrugada. Hay otros que prefieren no compartir la cama matrimonial o el dormitorio con los hijos por temor a que eso influya negativamente en su intimidad.

Cuando se trata del dormir de un bebé, realmente tenemos pocas opciones y no todas resultan efectivas para todas las familias puesto que cada familia tiene dinámicas diferentes. Existe una sucesión muy corta de opciones para lograr dormir mejor que van desde las opciones con más proximidad (como el compartir la misma cama), hasta aquellas con menos proximidad (dormir en cuartos separados). La opción más efectiva, más beneficiosa para el bebé y la que resulta en más horas de sueño para la madre es el colecho.

Según el Dr. McKenna, el colecho se refiere a cualquier situación en la que un adulto, (comúnmente la madre) duerme con suficiente proximidad al bebé o niño como para poder responder a las señales sensoriales que se envían mutuamente. El colecho no se refiere solo a compartir una misma cama sino también a compartir diferentes superficies dentro de una misma habitación. El dormir cerca del bebé

---

[14] Estrés tóxico. Center on the Developing Child- Harvard University

es biológicamente apropiado y mucho más natural que poner a un bebé solo en otra habitación. El colecho es aún más apropiado cuando se asocia con la lactancia. Son dos prácticas que van de la mano. Cuando se practica el colecho tomando las debidas precauciones, éste contribuye al bienestar y a la salud tanto de la madre como del bebé. El simple hecho de que un bebé duerma cerca de sus padres reduce su riesgo de morir por síndrome de muerte súbita.

En el Japón, por ejemplo, donde la lactancia y el colecho son la norma cultural, los índices de muerte súbita son los más bajos del mundo. Para las madres lactantes, el colecho hace que la lactancia sea mucho más fácil y aumenta la cantidad de sesiones de lactancia mientras que al mismo tiempo permite tanto al bebé y a la madre dormir más. Muchas madres que practican el colecho y dan de lactar no saben con exactitud cuántas veces se despertaron por la noche porque por lo general no se despiertan del todo. Tanto el bebé como la madre mientras duermen están recibiendo señales el uno del otro, de manera que la madre puede responder a la necesidad de comer del bebé antes de que éste llore y se despierte completamente. La madre aprende a dormir dando de lactar y el bebé vuelve a conciliar el sueño sin necesidad de llorar. Además, la exposición aumentada a los anticuerpos de la madre , los mismos que se transmiten más frecuentemente por la noche a través de la leche , ayudan a reducir las enfermedades en el bebé. Finalmente, ya que el colecho hace que la lactancia sea más fácil, las madres que lo practican suelen dar de lactar por más tiempo, lo cual no solo beneficia al bebé, sino que además beneficia la salud de la madre.

Muchos padres de las culturas occidentales, sin embargo, dicen no poder dormir tranquilos con un bebé en su cama por temor a aplastarlo (especialmente cuando son recién nacidos). Lo irónico es que tampoco pueden dormir tranquilos lejos del bebé porque se preocupan de que esté respirando. Esa idea de que los cuerpos dormidos no tienen control de sí mismos, ¡es una idea absurda! Si así fuera no estuviéramos aquí hoy pues nuestros ancestros dormían todos en un mismo espacio. Con la excepción de aquellos padres influenciados por el alcohol, las drogas o la excesiva fatiga, los padres estamos siempre alertas de nuestros bebés aun cuando dormimos. De manera que ese no debería ser motivo de preocupación.

> **Los estudios dicen:**
> Un estudio por profesores de la Universidad de Cape Town en África del Sur, estudió a 16 bebés mientras dormían. Se encontró que aquellos bebés y niños pequeños que no duermen con sus madres experimentan hasta tres veces más estrés que aquellos que duermen en la cama o cerca de la cama de sus madres. Además, el Dr. Bergman añadió que ese estrés puede perjudicar el desarrollo óptimo del cerebro de los niños pequeños. Aconsejó a los padres a que duerman con sus hijos hasta por lo menos la edad de tres años[15].

A pesar de los beneficios, se ha visto que el colecho no es una práctica que conviene o agrada a todos. Ciertas entidades gubernamentales y grupos organizados de profesionales (especialmente en los Estados Unidos) incluso prohíben su práctica. De hecho, la Academia de Pediatría Americana recomienda que los bebés recién nacidos duerman cerca de sus madres pero aclara que no en la misma cama. Esto se debe a que ha habido casos en los cuales los bebés han compartido camas con padres alcohólicos o fumadores. También ha habido casos en los que los bebés han muerto por la falta de precauciones en la práctica del colecho. Estos son casos donde los padres han dormido en el sofá o en la silla reclinadora con sus bebés. Casos de madres obesas que no han sabido tomar las precauciones debidas. El colecho es una práctica recomendable y respetable, siempre y cuando los padres tomen las medidas necesarias. A continuación una lista de precauciones para llevar un colecho exitoso:

- Su cama debe ser absolutamente segura para que el bebé no corra el riesgo de caerse por ninguna rendija. Muchos padres prefieren poner el colchón directamente en el suelo.
- Los primeros meses de vida del bebé el colchón de la cama debe ser firme, plana y sin relieves.
- Dado que el colecho facilita y estimula la lactancia, seguramente habrá un poco de riegue de leche en el colchón lo cual

---

[15] Morgan, Horn, & Bergman, (2011).

fácilmente se puede solucionar con protectores de colchón plásticos para evitar que la leche penetre.

- Use un colchón lo suficientemente grande para que todos puedan dormir cómodos.
- Las cobijas o sábanas podrían sofocar al bebé si por accidente le llegan a cubrir la cabeza. Es recomendable que cada uno tenga su propia cobija o de lo contrario, las sábanas deben estar colocadas seguramente alrededor del colchón a manera de sobre como lo hacen los hoteles para prevenir que se aflojen con el movimiento de los cuerpos por la noche.
- No es recomendable dormir con el bebé si uno de los padres fuma, toma alcohol o está a menudo muy físicamente fatigados.
- No es recomendable dormir con el bebé si uno de los dos padres es una persona muy grande o excesivamente gorda.
- Durante los primeros meses minimice el número de almohadas alrededor de la cabeza del bebé para evitar que se sofoque y para ayudar a la madre a posicionarse cómodamente para la lactancia nocturna.
- No use perfumes o lociones de cuerpo muy fuertes que puedan interrumpir el sueño del bebé.
- No permita que sus mascotas duerman en la cama con el bebé
- No deje al bebé solo en la cama adulta sin supervisión, salvo que esté en un colchón en el suelo.

Si no existen estas precauciones, otra manera de dormir cerca del bebé por la noche es en una cunita al lado de la cama. Esto es lo que se llama colecho en superficies separadas. Diferentes compañías ya ofrecen estas pequeñas cunas que se adhieren a la cama adulta y permiten tanto al bebé como a la madre estar juntos sin necesariamente compartir el mismo colchón. Estos creativos inventos se llaman "co-sleepers" y vienen en diferentes formas, tamaños y diseños. El bebé permanece al alcance de la madre sin que ella tenga que levantarse de la cama. Hay incluso unos para recién nacidos que se colocan encima de la cama y en medio de los padres.

Los beneficios del colecho

Los bebés que duermen con sus padres duermen más tranquilos
Las investigaciones han demostrado que los bebés que duermen con
sus padres casi nunca lloran por la noche cuando se los compara con
aquellos que duermen en cuna. Los bebés que duermen cerca a sus
padres lloran hasta cuatro veces menos que los bebés en cuna.
Sobresaltarse y llorar libera adrenalina, lo cual incrementa la presión
arterial y el ritmo cardiaco e interfiere con un sueño reparador.

**Los bebés que duermen con sus padres tienen una
fisiología más estable.** Los estudios demuestran que los niños que
duermen cerca de sus padres tienen temperaturas corporales y ritmos
cardíacos más estables y menos pausas de respiración que los bebés que
duermen solos. Esto ayuda a prevenir las apneas del sueño o pausas en
la respiración durante la noche que son la principal causa de la muerte
súbita. Los índices de muerte súbita son menores e incluso inexistentes
en países donde dormir con los padres es la norma cultural. Los bebés

---

[16] Sears & Sears, (2001).

[17] McKenna & Gettler, (2010), p.3

que duermen con sus padres tienden a dormir con la boca hacia arriba lo cual reduce el riesgo de muerte súbita

Salud emocional a largo plazo. Los bebés que duermen cerca de sus padres tienen una autoestima alta, tienen menos ansiedad y buscan ser independientes más temprano que los que duermen solos. Además, se portan mejor en la escuela y se sienten más cómodos con la demostración física de cariño. También tienen menos problemas de tipo psiquiátrico o psicológico.

Maneras respetuosas de ayudar a los bebés a dormir solos

El colecho, lamentablemente, no funciona en todas las familias. Muchos padres prefieren mantener su cama o su cuarto como un lugar sagrado para la pareja pues es en ella en donde se da la intimidad. Las parejas que deciden no dormir con sus hijos lo hacen porque creen que así están salvaguardando su relación de pareja y permitiendo que continúe la intimidad entre los padres. Esas opiniones son válidas y respetables, sin embargo, le recuerdo que este libro no fue escrito para decirle cómo mantener su intimidad. Hay otros libros muy interesantes al respecto que le pueden ofrecer otras alternativas. Este libro fue escrito únicamente para decirle qué es lo mejor para su bebé, y lo mejor para él o ella es dormir con o cerca de sus padres, pues así el bebé se siente seguro y sabe que será escuchado y atendido. La cercanía permite a los padres responder efectiva y rápidamente. Es esta responsividad la que permite el establecimiento de un apego seguro. La cercanía al dormir, como tal, es simplemente una práctica que facilita este proceso.

Como lo he dicho anteriormente, practicar una crianza a manera de receta no es mi estilo, ni es la intención de este libro. Cada familia es diferente, y cada personalidad también. Si existe la posibilidad de que usted y su pareja se abran a esta nueva, y a la vez arcaica forma de ser padres, enhorabuena. Pero si aún después de leer la evidencia científica acerca del colecho usted ha decidido no permitir que su bebé duerma con usted(es), permítame por lo menos ofrecerle algunas pautas respetuosas para lograr que su bebé duerma solo en su habitación. Le advierto, sin embargo, que si bien es posible lograr que los bebés duerman solos, el proceso implica algo de sacrificio y de paciencia pues, como se ha dicho antes, los bebés humanos no han sido programados para dormir solos. Siempre que intentamos ir en contra de lo que la naturaleza ha programado para nosotros, el camino no promete ser ni fácil, ni corto.

Elizabeth Pantley es una norteamericana que ha escrito mucho acerca del tema del dormir de los bebés. Ella es una proponente del colecho y de la crianza con apego, sin embargo, reconoce que las dinámicas familiares son todas diferentes y el colecho no es la solución viable para muchas. Ella propone un método de 10 pasos para ayudar a dormir a los bebés en sus propias cunas. Al contrario del método Estivill, el método de Pantley no involucra ignorar el llanto pues no está centrado en modificar la conducta del bebé a través del abandono. Por el contrario, Elizabeth Pantley, ayuda a los padres a modificar el ambiente alrededor del bebé para ayudarlo a adaptarse a las rutinas diarias. Sus 10 pasos se pueden resumir a continuación:

1. Comprobación de la seguridad
El bebé debe dormir en un ambiente seguro y agradable, que además cumpla con las precauciones de seguridad más importantes como que esté acostado en la posición supina (boca arriba).

2. Comprender los patrones de sueño
Los recién nacidos tienen diferentes fases de sueño que los niños mayores y éstos que los adultos. Los bebés se despiertan más fácilmente durante ciclos livianos de sueño y hay ciclos en los que los ruidos que emiten son parte normal del proceso y no significa que estén despiertos o por despertarse. En los tres primeros meses de vida los bebés primero caen en un sueño liviano y se despiertan fácilmente y a menudo después de dormirse. A los cuatro meses, el bebé logra dormir tres o cuatro horas seguidas. Sin embargo, el modo de actuar de los padres durante ese intervalo de vigilia o sueño liviano es de especial importancia pues si acuden rápidamente se despertará, en cambio si no encuentra una respuesta inmediata seguirá durmiendo. A partir del sexto mes, el patrón de sueño ya está plenamente desarrollado y es similar al de los adultos. El comprender esto puede ayudar a los padres a actuar efectivamente.

3. Protocolo del sueño

Los padres pueden aprender más fácilmente acerca del sueño de sus bebés llevando un simple registro donde se anotan datos importantes como las horas de siesta. Las horas de la siesta tienen un impacto evidente en el sueño nocturno. Si el bebé duerme mucho durante el día, luego no estará tan cansado por la noche. Es importante conocer este ritmo para poder cumplir bien luego con los pasos adecuados del plan para aprender a dormir. El registro incluye lo siguiente:

- Número de siestas
- Duración de las siestas
- Hora en la que se duerme por la noche
- Hora en la que se despierta por la mañana
- El número de veces que se despierta por la noche
- Etapa más larga del sueño
- El tiempo total de sueño diario
- Cosas que ayudan a que concilie el sueño

4. Analizar

En este punto Elizabeth Pantley plantea una serie de consejos e ideas para diseñar un plan de sueño individual. Puesto que cada familia y cada niño son diferentes lo que funciona con un niño puede no funcionar bien con otro. A continuación un resumen de sus ideas y consejos para iniciar el plan.

5. Creación del plan individual de sueño

A partir de las ideas y consejos del paso 4, ella sugiere seleccionar aquellas que sean más apropiadas y factibles. Sugiere anotar los pasos que se quieren llevar a cabo y determinar elementos concretos como la hora en la que se planea llevar al niño a la cama o los detalles del ritual previo a acostarse.

6. Implementar el plan en diez días

Aunque no siempre es fácil de hacer ella hace énfasis que el éxito de este método está en la constancia. Mientras más constante, mayor es la probabilidad de que funcione. Sin embargo, cuando el bebé está enfermo o hay un viaje o algo que se escapa de nuestro control, ella aconseja abandonar el plan e intentarlo de nuevo después.

7. Crear un nuevo protocolo

Pasados los diez días, Pantley propone analizar los resultados. Eliminar lo que no está funcionando y añadir otros elementos de ser necesario. La autora reitera que, un análisis de datos prematuro, es decir, antes de los 10 días, puede llevar a los padres a decepcionarse.

8. Análisis de los progresos

En este paso se compara el protocolo inicial del paso 3 con el protocolo que se crea después de diez días, y se comparan los cambios.

9. Mantener o renovar el plan por otros diez días

Una vez analizados los progresos, es el momento de mantener el plan actual o renovarlo. Si no hay progresos, ella aconseja tomarse tiempo, dar prioridad al bienestar del bebé e intentarlo de nuevo después.

10. Repetir los pasos 7, 8 y 9 cada diez días

Pantley sugiere establecer un protocolo de sueño cada diez días. Analizar los resultados de este protocolo, mantenlo o renovarlo como sea necesario, pero no hacerlo a medias. Eso es lo que lleva al fracaso de su método.

Como puede ver, con paciencia y tiempo es posible ayudar a los bebés a aprender a dormir solos sin llorar. El libro *Felices Sueños* de Elizabeth Pantley es un best-seller en los Estados Unidos y ha sido traducido a 22 idiomas. Sin embargo, incluso ella admite que el colecho es la mejor opción, pues todos en casa descansan mejor. Los bebés están contentos y duermen bien y eso permite a los padres descansar mejor también.

Consejos de Pantley

Incluso después del primer año, cuando los ciclos del sueño son más regulares, todavía hay muchos niños necesitan ayuda de sus padres para conciliar el sueño y para dormir toda la noche. Hay ciertos factores ambientales y biológicos que son importantes tener en cuenta pues repercuten directamente en la habilidad de conciliar el sueño de los niños y de mantenerse dormidos toda la noche. A continuación algunos consejos de Pantley:

Consejo 1. Consistencia por las mañanas y por las noches.

Los niños van desarrollando sus relojes internos a medida que crecen. Cuando se lleva un horario consistente para dormir, el cuerpo de los niños naturalmente se prepara para ir a dormir a la misma hora todos los días. Los primeros días es imprescindible saber leer las señales del niño para saber elegir la hora precisa en la que esté lo suficientemente cansado como para ir a dormir. Los padres pudieran escoger a qué hora ponerlos a dormir pero eso por lo general no resulta efectivo, pues no se puede forzar a nadie a conciliar el sueño si no se está listo. El descifrar cual es el ritmo natural de sueño de sus hijos será más efectivo que obligarlos a ir a la cama a una hora determinada. De la misma manera, el despertarlos diariamente a la misma hora, ayudará a que su cuerpo naturalmente se aliste para ir a dormir sin batallas.

¿Cómo descubrir cuál es la hora correcta para ponerlos a dormir? La mejor hora para ir a dormir es cuando los niños están relajados, felices y de buen genio, aún si eso pasa a las 10 pm. Si están cansados, irritables y se ponen mal genios fácilmente entonces eso significa que su hora de ir a dormir ya pasó.

Consejo 3. Tomar siestas durante el día.

Los niños de esta edad están llenos de energía y necesitan recuperar las baterías cuando éstas se agotan. Una siesta en la mitad de su día les ayuda recuperar las energías y a estar de mejor humor. Además una siesta puede reparar horas de sueño perdidas cuando ha habido una mala noche. Las siestas también son cruciales para un buen desarrollo cerebral pues los estudios han demostrado que es durante las siestas cuando la información aprendida pasa a formar parte de nuestra memoria en un lugar más permanente. Si su hijo toma una siesta, la hora más recomendada para tomarla es después del almuerzo. Si toma dos siestas cortas, lo ideal sería una a media mañana y otra a media tarde.

Consejo 3. Ayudar a los niños a sincronizar su reloj biológico.

La primera manera de ayudar a que se sincronice su reloj biológico es tratar de evitar las siestas entre las 5 pm y las 7 pm pues eso puede retrasar su hora de ir a dormir por la noche. El otro factor es la luz. La luz brillante es estimulante y promueve la energía. La oscuridad, por el contrario, promueve la relajación y prepara al cuerpo para dormir. De igual manera, una televisión prendida o mucha actividad por la noche estimula el cerebro para estar activo por más oscuridad que haya. Apague la televisión y evite la actividad física estimulante en las horas antes de ir a dormir.

Consejo 4. Tener rutinas consistentes para ir a dormir

Las rutinas son importantes para aquellas familias donde los padres trabajan y donde hay otros niños que van a la escuela. De no haberlas, estaríamos conduciéndonos al caos. Sin embargo, en aquellas familias donde uno de los padres está en casa con el niño a tiempo completo, las rutinas podrían no parecer necesarias. Sin la necesidad de levantarse por la mañana a una misma hora para llegar al trabajo, pareciera no haber necesidad de tener un horario ordenado. Sin embargo, lo interesante es que los niños aman las rutinas. Los hace sentir felices y seguros el saber que sus vidas son predecibles y que las cosas se hacen en un determinado orden todos los días. Por la noche, se aplica igual. Los niños aman sus rutinas nocturnas. Quieren lo mismo todas las noches en el mismo orden y eso se puede utilizar a nuestro favor. Una rutina antes de ir a la cama hace que todas las cosas pasen una tras de otra sin necesidad de batallar. Por ejemplo, después de cepillarse los dientes toca ponerse la pijama, después de la pijama toca ir a dormir. Cuando las rutinas se siguen en el mismo orden los niños ya saben que es lo que sigue y desaparece la necesidad de discutir y la opción de negarse.

Consejo 5. Crear un ambiente acogedor para ir a dormir.

A nosotros nos gusta tener una cama cómoda con una almohada que no nos haga doler la nuca. A los niños también. Asegúrese que su colchón no sea ni tan duro ni tan suave para que el cuerpo del niño logre descanso reparador. Añada a su cama un objeto que sirva de transición. Una colcha o un peluche dan a los niños la seguridad que necesitan para estar solos por la noche y para combatir cualquier ansiedad o miedos. Procure no poner una televisión en el cuarto de los niños. Y si la tiene, asegúrese de limitar su uso antes de ir a dormir. Ciertos programas son estimulantes y no permiten la relajación.

Consejo 6. Tener una nutrición adecuada para mejorar el sueño.

Lo que los niños coman, lo que no coman, cuándo coman y cuánto coman puede afectar sus patrones de sueño. Algunas comidas pueden afectar su nivel de energía y su somnolencia. Algunas comidas pueden inducir calma y relajación y otras comidas pueden ponerlos más alertas. Esto se debe a los químicos que ciertas comidas contienen y que provocan una respuesta en las funciones cerebrales. Una vez que revise la lista a continuación, experimente con la cantidad, la hora en la que les da de comer y esté pendiente de cómo estos alimentos afectan la habilidad de su hijo de dormir.

Comidas que tienen un efecto calmante y somnoliento
* Las comidas con alto contenido de carbohidratos como el arroz integral, el pan integral, la avena, fideos, las papas, el camote y los granos.
* Las comidas con carbohidratos simples: frutas como las fresas y la manzana; vegetales como el brócoli y el pepino.

Comidas que se deben evitar antes de ir a dormir
* Comidas con alto contenido proteico como las carnes rojas, el jamón y el tocino.
* Comidas que son difíciles de digerir y provocan gases como el arroz blanco, pan blanco, chocolate, bebidas con cafeína, azúcar, jugos cítricos.

Bebidas que rompen las reglas y son recomendables antes de ir a dormir
* Leche materna
* Leche de vaca pero sin chocolate y azúcar
* Mantequilla de maní natural

- Almendras, nueces
- Yogurt natural sin azúcar
- Huevos
- Guineo
- Aguacate
- Carne de pavo

Ideas de comidas antes de ir a dormir:
- Tostada de pan integral con queso
- Avena con guineo
- Galletas de avena con leche
- Pudin de arroz integral
- Granola con yogurt o leche
- Manzana con mantequilla de maní

Consejo 7. Mantener buena salud

Es un hecho muy simple pero muy importante de recordar. La actividad física fomenta un buen sueño. Hoy en día, sin embargo, muchos niños no tienen la actividad física que necesitan. Pasan mucho tiempo frente al televisor y con los juegos de video o iPad en sus manos. La Academia de Pediatría Americana, y la española, recomiendan no más de dos horas de televisión al día para niños entre tres y dieciocho años, y nada de televisión para los menores de 2 años. A pesar de que estas recomendaciones puedan sonar extremas, es importante recordar que se hicieron pensando en el bienestar de los niños. Más adelante dedicamos un capítulo a hablar del uso de la tecnología y de cómo esto afecta a los niños.

Algunos estudios muestran que a pesar que los niños son físicamente activos durante algunas partes de su día, menos del 2% de su tiempo es empleado para actividades de alta intensidad física que promueve una buena salud cardiovascular y un mejor sueño. La actividad física está directamente relacionada con un sueño saludable. Según estudios de la Universidad de Stanford, el ejercicio puede mejorar los patrones de sueño e incrementa las etapas tres y cuatro del sueño, que son las etapas de sueño más profundas y reparadoras. Esto es verdad no solo en los niños sino en cualquier persona.

Consejo 8. Relajación antes de dormir

Muchas veces los niños son mandados a sus camas y a pesar de las rutinas y la alimentación correcta, sus cuerpos no están lo suficientemente cansados y relajados para dormir. Se quedan mirando al techo esperando a poder dormir o en el peor de los casos salen de sus camas para seguir jugando porque no pueden conciliar el sueño. En estos casos es imprescindible enseñarles a relajarse una vez que estén en la cama. Hay muchas técnicas de relajación que Elizabeth Pantley presenta. Mire cuál es la mejor para su caso y si es necesario combine algunas de ellas para ver cuál funciona para su hijo.

- Lectura - La lectura de un libro por papá o mamá no solo es estimulante para sus cerebros sino que les ayuda a dormir porque la atención se enfoca en escuchar la historia y esta permanencia en ella , escuchando una misma voz, causa relajación cerebral.
- Libros en CD - Los cuenta cuentos o libros en CD funcionan de manera similar a la lectura por parte del padre o madre. El escuchar un cuento por la noche les relajara mentalmente. Si no tiene libros o no puede sentarse con ellos a leerles un cuento, intente adquirir libros infantiles relatados en CD.
- Masajes- Un masaje en la cama tiene un efecto relajante. El masaje puede ser simple pero en áreas claves como en los pies y en la espalda. Si el masaje se interrumpe por una ida al baño o alguna otra necesidad, sus efectos desaparecen. Por eso es importante que los niños ya hayan completado todas sus rutinas antes de ir a la cama como lavarse la boca y ponerse la pijama.
- Yoga- Si usted usa Yoga en su vida como método de relajación, entonces enseñe a sus hijos algunas de los métodos de respiración, relajación y estiramiento. Estos tienen un efecto relajante para el cuerpo y la mente y prepara muy bien al cuerpo para ir a dormir.
- Música instrumental o sonidos de naturaleza- Los niños que viven en zonas pobladas o de mucho tráfico pueden distraerse con los ruidos de la calle. Para enmascarar estas bullas de afuera intente reproducir un CD de música instrumental o de sonidos de naturaleza como de agua o de chirridos de pájaros. Estos sonidos suaves y monótonos y tienen un efecto relajante.

- Oración- Las personas religiosas suelen rezar antes de ir a dormir. Ciertos rezos u oraciones tienen el poder de brindar al niño seguridad. No intente que su hijo se memorice una oración específica pero sí recítela en voz alta todas las noches. Tarde o temprano se la sabrá de memoria y la podrá recitar sin su ayuda.
- Aromaterapia- La aromaterapia es el arte de usar esencias y aceites naturales para promover paz y bienestar. Los niños son muy receptivos a los olores y pueden aprender a asociar ciertos olores con el sueño y la seguridad. Ciertos aromas, como la manzanilla y la lavanda, tienen efectos relajantes y son perfectos para la hora de dormir.

Capítulo V.
Alimentación a libre demanda

"En el pecho, además de comida, el bebé busca y encuentra cariño, consuelo, calor, seguridad y atención. No se trata tan sólo de alimento, el bebé reclama el pecho porque quiere el calor de su madre, la persona más conocida para él. Por eso lo importante de dar el pecho no es solamente contar las horas y los minutos o calcular los mililitros de leche, sino el lazo de unión que se establece   entre ambos y que es una suerte de continuación del cordón umbilical".

-Carlos González-

¿Qué es la alimentación a libre demanda?

La alimentación a libre demanda se trata de responder con flexibilidad a las señales de hambre del bebé. Significa iniciar las comidas cuando el bebé las pide y continuar cada sesión de comida hasta que el bebé esté satisfecho. Si bien está mundialmente reconocido que la leche materna es lo mejor para los bebés por sus cualidades nutricionales, la alimentación a libre demanda también se aplica a aquellos bebés que son alimentados con fórmula. Hoy en día, la Organización de la Salud (OMS), la UNICEF, La Liga de le Leche (LLLI) y Las Academias de Pediatría tanto americana como española, aconsejan la alimentación a libre demanda por los siguientes motivos:

- Las madres que acaban de dar a luz tienen mayor probabilidad de establecer una reserva de leche adecuada si se les permite dar el pecho a libre demanda y frecuentemente. En los primeros días de vida del recién nacido , la alimentación a libre demanda ayuda a la madre a establecer una reserva adecuada de leche y ayuda al bebé a volver a ganar rápidamente el peso que pierden la primera semana de nacidos. La lactancia a libre demanda es justamente lo que estimula la producción de leche. Mientras más succione el bebé, más producción de leche habrá. Si el bebé succiona el pezón menos frecuentemente, la producción de leche disminuye. Por esta razón, la alimentación a libre demanda es la manera ideal de mantener la producción de leche y de conectarse con el bebé, aprendiendo a leer sus señales de hambre.

- Los recién nacidos deben comer frecuentemente y cuando ellos muestren signos de hambre, idealmente, antes de que empiecen a llorar. Es una buena práctica que el bebé (no el reloj) determinen cuándo una sesión de comida deba empezar y cuando deba parar. Esto además permitirá a los padres aprender a leer las señales del bebé para actuar de manera rápida y efectiva. El esperar a que el bebé llore para satisfacer su necesidad puede interferir en su capacidad de lactar. Un bebé que está llorando es un bebé entristecido y estresado. Para succionar correctamente, el bebé debe tranquilizarse. De lo contrario, puede que incluso rechace el pezón y no es porque no tenga hambre sino porque necesita calmarse antes de succionar.

- El estilo de alimentación a libre demanda permite a los bebés ajustar la cantidad de lo que comen en respuesta a las variaciones de la calidad y la cantidad de la leche. Cuando los bebés son forzados a adoptar un horario rígido de alimentación, se corre el riesgo de que los bebés no obtengan la cantidad y las calorías que necesiten. Los senos de la madre varían en la cantidad de leche que producen en cada sesión y la composición de la leche cambia dependiendo de la hora del día y de la dieta de la madre.

- Los bebés que se alimentan a demanda pueden beneficiarse de menos problemas digestivos o cólicos. Algunos estudios sugieren que los bebés piden comer cuando sienten dolor o cuando sus cuerpos necesitan la cercanía de los padres. Especialmente con la lactancia, los bebés no solo reciben la alimentación y las calorías que necesitan para desarrollar sino también se sienten protegidos y queridos por sus madres. El contacto piel a piel que se da durante la lactancia ayuda a regular la temperatura corporal del bebé y sus niveles de glucosa en la sangre, ayudando así a disminuir cualquier malestar físico que puedan estar experimentando.

Los estudios científicos evolutivos sugieren, además, que los bebés han sido diseñados para comer a demanda y que aprenden a regular sus propias necesidades si se les permite. Desafortunadamente, por muchas generaciones, los padres han sido aconsejados por sus pediatras y otros especialistas sobre alimentar a los bebés en intervalos espaciados con regularidad. Por ejemplo, se les ha dicho que se debe dar de comer cada 3 o 4 horas, cuando en realidad esta rigidez en el horario puede impactar negativamente en el desarrollo cognitivo.

Iacovou y Sevilla, realizaron un estudio longitudinal en el que investigaron los efectos de la alimentación con horario. Ellos siguieron el desarrollo de más de 10.000 niños británicos desde el nacimiento hasta los 14 años de edad. Lo que encontraron es que de esos 10.000 niños, aquellos que fueron alimentados con horarios tuvieron resultados más bajos en sus exámenes escolares estandarizados. Además, sus coeficientes intelectuales eran un promedio de 4.5 más bajos que los niños que fueron alimentados a libre demanda.

La correlación encontrada en el estudio no implica que haya causación. Es decir, no se puede decir con certeza que lo uno lleva a lo otro. Sin embargo, los resultados parecen ser los mismos una vez que se controlan otras variables que pueden influenciar en los resultados como el nivel de educación de los padres, la salud, el hecho de que se de leche materna vs. fórmula, el estilo de disciplina que manejan los padres y los factores económicos.

Leche materna versus fórmula

La UNICEF, la Organización Mundial de la Salud (OMS) y La Liga de la Leche (LLLI) recomiendan lactancia materna **exclusiva** los primeros seis meses y de forma complementaria hasta los dos años o más.

La lactancia materna es una de las habilidades más maravillosas dadas a las mujeres como parte natural del ciclo de vida, y los beneficios de la leche materna son muy conocidos. Cada vez hay más mujeres que entienden que la lactancia no solo provee la nutrición adecuada sino también es parte importante del desarrollo de un vínculo afectivo.

Cada especie mamífera produce el tipo de leche que la cría necesita. ¿Sabía usted que le leche de vaca es la base de la mayoría de las fórmulas? Hemos consumido leche de vaca por siglos pero nunca nos paramos a pensar que estamos consumiendo una leche que ha sido biológicamente diseñada para los terneros, no para los bebés humanos. La leche humana es lo mejor para los bebés humanos, pues provee todos los nutrientes necesarios los primeros meses e incluso años de vida. Existe además mucha evidencia científica que apunta al hecho de que la leche humana también tiene características medicinales.

La composición de la leche materna es imposible de replicar. Tiene muchos ingredientes, incluyendo enzimas, anticuerpos y mono-globitos que simplemente no pueden ser recreados comercialmente por los fabricantes de fórmula. Sin embargo, eso no ha parado a los fabricantes de seguir intentando convencer a la gente de preferir sus productos. Gastan millones de dólares en tratar de convencer a los consumidores de que su marca es "casi igual" a la leche materna, a pesar de que hay que reconocer que algunos si tienen la decencia de aclarar en sus envolturas que la leche materna es lo mejor para los bebés.

Por muchos años se ha tratado a la lactancia materna como una opción de la madre. Sin embargo, lejos de ser una simple preferencia u opción, la lactancia es un problema de salud pública.

Un estudio publicado en los Estados Unidos en abril del 2010 el *Journal of Pediatrics* concluye que la alimentación artificial de los bebés constituye una carga económica y de salud en la sociedad americana. Las investigaciones mostraron que si un 90% de las nuevas madres americanas dieran solo leche materna a sus bebés exclusivamente por los primeros seis meses, se ahorrarían alrededor de 13 billones de dólares por año en costos médicos y hospitalarios, evitando además que los niños contraigan enfermedades.

Las enfermedades que la leche materna previene, según las investigaciones son: otitis, gastroenteritis, enterocolitis necrotizante, infecciones respiratorias del tracto bajo, dermatitis, muerte súbita, asma, leucemia, diabetes tipo 1 y obesidad. Sin embargo, a pesar de los beneficios y de las recomendaciones de la OMS, UNICEF y LLLI, muchos países están encontrando que los índices de lactancia materna están muy lejos de las recomendadas. Por ejemplo, la Encuesta Nacional de Salud y Nutrición (ENSANUT) del Ecuador, concluye en su resumen publicado en el 2013 que "el inicio de la lactancia materna solo se está efectuando en un 54.6% de niños menores de 24 meses"[18]. En el estudio además se encontró que de ese 54.6% de niños amamantados, sólo un 34.7% recibieron leche materna exclusivamente hasta el sexto mes.

A conclusiones aún más preocupantes han llegado otros países Latinoamericanos. En México, por ejemplo, la Encuesta de Salud y Nutrición publicada en el 2013 evidenció que solo un 14.4% de niños de seis meses reciben lactancia materna exclusiva. Además, "la mitad de los niños menores de dos años en México usan biberón [...] y solo la tercera y séptima parte de los niños reciben lactancia materna al año, y a los dos años, respectivamente"[19].

Los beneficios de la leche materna

Miles de estudios realizados han mostrado consistentemente que la leche materna es mejor que la fórmula. Aquí están algunos de los beneficios:

1. La leche materna es más fácil de digerir

Debido a que la leche materna ha sido diseñada específicamente para la especie humana, es más fácil de digerir que la fórmula. La leche materna se digiere más rápidamente del estómago, lo cual hace que los bebés tengan menos problemas estomacales y del esófago, incluyendo menos reflejos de regurgitación.

2. La leche materna protege a los bebés de muchas enfermedades

---

[18] Freire et al., (2013), p.23.

[19] Gutiérrez et al., (2013), p 157.

El consumo de leche materna está asociado con una menor incidencia de casi todo tipo de enfermedad. Además, los niños que se alimentan con leche materna también tienen menos riesgo de contraer diabetes o cáncer cuando son adolescentes y adultos. Los índices de muerte súbita también son más bajos entre los bebés que toman leche materna.

3. La leche materna protege a los intestinos

La leche materna contiene sustancias que actúan como capas protectoras del tracto digestivo, y por lo tanto, ayudan a mantener los gérmenes fuera del contacto con la sangre. Esto significa que los bebés que se alimentan con leche materna tienen menos infecciones intestinales y menos diarrea. También son menos propensos a desarrollar alergias porque están protegidos de ciertos agentes ambientales que pueden inflamar las paredes intestinales.

4. La leche materna previene la obesidad

La lactancia materna enseña a los bebés sanos hábitos alimenticios. Los bebés aprenden a regular la cantidad de leche que succionan de acuerdo a su apetito sin que nadie les obligue a tomar hasta la última gota. Los bebés que se alimentan con leche materna tienden a ser más delgados que aquellos que se alimentan con fórmula. Tienen la cantidad de grasa justa para sus estaturas y su peso.

5. Los bebés que se alimentan con leche materna desarrollan mejor vista

Los estudios demuestran que la agudeza de la vista se desarrolla mejor gracias al tipo de grasa que contiene la leche materna, los cuales ayudan a un mejor fortalecimiento de los tejidos de los nervios oculares y cerebrales.

6. Los bebés que se alimentan con leche materna oyen mejor

La incidencia de infecciones del oído medio es más alta en los niños que toman fórmula. Las infecciones del oído, cuando no se tratan adecuadamente y a tiempo, pueden conducir a problemas auditivos. Además, las infecciones de oído o impedimentos auditivos temporales pueden afectar al desarrollo del lenguaje.

7. Los bebés que se alimentan con leche materna tienen pieles más sanas

La leche materna tiene componentes que ayudan de manera especial a la piel previniendo resequedad, sarpullidos, eczemas y alergias.

8. Dar de lactar ayuda a la madre a mantenerse más sana

Los estudios demuestran que las madres que dan de lactar no solo pierden el peso extra del embarazo más rápidamente, sino que además son menos propensas a la depresión post-parto. Como lo veremos posteriormente en este libro, mientras más dure la lactancia, más beneficios existen para la madre. Algunos de ellos son: menos riesgo de contraer cáncer de mama, cáncer de ovarios y cáncer uterino. Una lactancia prolongada está también asociada con una menor incidencia de osteoporosis.

Prácticas hospitalarias que perjudican la lactancia

El periodo inmediatamente después del parto se reconoce biológicamente como un periodo sensible, pues la madre y el bebé están alertas y despiertos para reconocer y afirmar su vínculo. Estas interacciones tempranas son la base de una lactancia exitosa y son claves para iniciar tanto los patrones de comunicación, como el desarrollo de la personalidad en las etapas tempranas.

La lactancia es la manera natural y fisiológica de alimentar a los bebés y niños pequeños, y la leche materna es la leche hecha específicamente para los bebés humanos. Las fórmulas están hechas de leche de vaca o de soya y son solo superficialmente similares a la leche materna. La lactancia debería ser algo fácil y sin complicaciones para la mayoría de madres. Según el Dr. Jack Newman, quien ha estudiado la lactancia materna por muchos años, un buen inicio de la lactancia ayuda a garantizar que sea una experiencia positiva para la madre y para el bebé. La gran mayoría de las madres son perfectamente capaces de dar de lactar a sus bebés por seis meses o más. De hecho, Newman asegura que la mayoría de mujeres producen suficiente leche para abastecer la demanda de sus bebés. Desafortunadamente, las rutinas hospitalarias anticuadas basadas en la alimentación con fórmula todavía predominan en los centros de salud, hospitales y clínicas de nuestros países, haciendo que el proceso de la lactancia sea difícil e incluso imposible para muchas madres.

Para que la lactancia sea exitosa y se establezca exitosamente, es necesario empezarla en las primeras horas y días después del parto. Aun así, hay madres que no tienen un buen comienzo del proceso pero logran dar de lactar. El truco de una lactancia exitosa radica en que el bebé logre una buena técnica de colocación o enganche del pezón. Un bebé que no puede succionar de manera correcta tendrá más dificultad de extraer la leche. Una mala técnica de succión es similar a darle al bebé un biberón lleno de leche pero con un agujero muy pequeño. Si el bebé no recibe mucha leche aún después del esfuerzo que hace en succionar, el bebé se cansa y se frustra. Al mismo tiempo, la mala succión puede causar dolor a los pezones de la madre. Desafortunadamente, es muy difícil saber si el bebé ha adquirido una buena técnica de succión porque no podemos ver el enganche de la boca en el pezón y el movimiento de succión internamente, por lo que no es posible saber cuánta leche está siendo extraída. Sin embargo, el Dr. Newman en su artículo *"Breastfeeding: Starting Out Right"*[20], propone algunas maneras de ayudar a toda madre para que la lactancia sea fácil:

1. Una técnica de enganche apropiada es crucial.

Esta es la clave de una lactancia exitosa. Desafortunadamente, muchas madres son ayudadas por gente que no saben lo que es un enganche apropiado de la boca del bebé en el pezón. Si alguien te dice que tu bebé de dos días de nacido se ha prendido bien de tus pezones, a pesar de que te duelan, duda y asesórate con un profesional que si sepa acerca de la lactancia. Antes de salir del hospital o clínica, los profesionales de salud deberían ayudar a las madres y a los bebés a establecer una técnica de enganche apropiada, asegurándose además que el bebé está recibiendo suficiente leche del seno. Un enganche apropiado es difícil describir con palabras pero en general se busca que el bebé abra la boca ampliamente, que coloque sus labios cubriendo completamente completa o parcialmente la areola y que pause su succión para tragar.

---

[20] Newman, J. (2005). Breastfeeding: Starting Out Right. The Natural Parenting Project. Traducido e incluido en este libro con permiso del autor.

Se pueden ver videos de esto en YouTube. Si usted y el bebé salen del hospital sin saber estos detalles, acuda a otro tipo de ayuda inmediatamente. Algunas personas del personal suelen decir que si duele el pezón, entonces que la madre debe sacar su pecho de la boca del bebé e intentarlo de nuevo. Esta no es una buena idea pues el dolor por lo general pasa y la técnica de enganche debería ser arreglada en otra sesión o en el otro pecho. El sacar el pezón de la boca del bebé muchas veces solo intensifica el dolor y causa más daño al proceso.

2. El bebé debe estar en el pecho inmediatamente después del parto.

La gran mayoría de los bebés recién nacidos pueden estar en el pecho a los minutos de nacidos. De hecho, las investigaciones muestran que, dados la oportunidad, muchos bebés al cabo de unos minutos de nacidos se arrastran hasta el pecho desde el abdomen de sus madres para empezar la lactancia inmediatamente. Este proceso puede tomar hasta una hora pero es imprescindible que la madre y el bebé sean dados la oportunidad de estar juntos inmediatamente después del parto para aprender el uno del otro.

Los bebés que buscan el pecho por si solos por lo general tienen menos problemas al lactar. Este proceso no toma ningún esfuerzo por parte de la madre, y la excusa de que la madre está muy cansada después del parto es simplemente eso, una excusa poco válida. Los estudios han demostrado además que el contacto piel a piel mantiene al bebé igual de cálido que en una incubadora. De manera que aún si el bebé no quiere empezar la lactancia, esto no es un problema, pues no hay daño en permitir que el bebé permanezca piel a piel con su madre inmediatamente después del parto.

3. La madre y el bebé deben estar juntos en la misma habitación.

No existe ninguna razón médica por la cual las madres y bebés sanos deban permanecer separados, ni siquiera por cortos periodos. Los centros de salud que todavía separan a las madres de sus bebés como práctica rutinaria están muy por detrás de los tiempos. A menudo se dan razones muy ilógicas para justificar la separación. Por ejemplo, se les dice que el bebé ha eliminado meconio dentro del útero antes del parto y se lo pone en incubadoras o en observación por algunas horas. Los bebés que eliminan meconio van a estar bien y los chequeos médicos no deberían tomar precedencia a la cercanía con la madre pues si bien son condiciones que deben ser controladas, de ninguna manera son condiciones de riesgo fatal que deban ser atendidas inmediatamente después del parto

Tampoco hay evidencia de que las madres que son separadas de sus bebés después del parto descansen mejor. Por el contrario, están más contentas y menos estresadas cuando están con sus bebés. Las mamás y los bebés aprenden a sincronizar sus ritmos de sueño. De manera que cuando el bebé se despierta para comer, la madre también se despierta naturalmente. Eso no es tan agotador como cuando la madre es despertada por las enfermeras para que atienda al bebé que está en otra habitación. Si las madres recibieran ayuda para aprender a alimentar a sus bebés en posición acostada, ellas podrán descansar mejor.

Por otro lado, los bebés muestran que están listos para comer mucho antes de llorar. Sus respiraciones cambian, por ejemplo, o puede que empiecen a estirar sus extremidades. Una madre que está con su bebé se despertará naturalmente, y su leche empezará a fluir. El bebé, al mismo tiempo, no necesita llorar para ser alimentado y podrá empezar a lactar de manera calmada. Un bebé que ha llorado por algún un tiempo, aún si tiene hambre, puede rechazar el seno porque necesita calmarse primero. Las mamás y los bebés deben ser alentados a dormir uno al lado del otro en los hospitales. Esta es una manera en que las madres pueden descansar mientras el bebé se alimenta. La lactancia debe ser una actividad relajada, no agotadora.

4. Los biberones no deberían ser dados al bebé.

Parece haber cierta controversia sobre la confusión que tienen los bebés cuando son expuestos a dos tipos de pezones diferentes: el pezón artificial o chupón, y el real del seno de la madre. Los bebés aceptarán lo que sea que les dé un flujo de leche apropiado y pueden rechazar aquel que no se lo dé. Por lo tanto, en los primeros días cuando la mamá está produciendo poca leche (lo cual es normal), si el bebé recibe un biberón del cual recibe un flujo de leche rápido, ese bebé tenderá a preferir el biberón, pues es el método que le dará el alimento más rápidamente. Es cuestión de sentido común. Sin embargo, incluso los profesionales de la salud cuyo trabajo es ayudar a las madres, no saben cómo manejar estos asuntos. No es el bebé el que se confunde, somos los adultos.

Esta práctica de introducir el biberón conlleva una serie de problemas. El primero y más grave es que el bebé no aceptará el seno con la misma disposición con la que lo haría si no se le hubiera expuesto al biberón primero. Una vez que se introduce el biberón, el bebé puede no aceptar el seno, y al no hacerlo, el bebé no aprende a succionar apropiadamente el pezón de la madre, causándole además dolor. El hecho de que un bebé acepte los dos no significa que el biberón no esté teniendo efectos negativos. Ahora hay otras alternativas para los casos en los que se necesita suplementar. Por ejemplo, un delgado tubo de plástico que funciona como un sorbete (popote) se puede usar como dispositivo de ayuda en la lactancia. Esto permite al bebé recibir la cantidad de leche que necesita sin recurrir al biberón. Para ver cómo funcionan esta y otras alternativas para suplementar, puede ir a mi blog **http://crianzayeducacion conciente.blogspot.com/** y en la publicación de enero del 2015 (titulada igual que esta sección), podrá ver videos subtitulados sobre el uso de estos dispositivos.

5. Alimentación a libre demanda, sin restricciones.
Un bebé que se ha prendido bien del pezón no estará en el pecho por muchas horas de corrido. De manera que se puede asumir que si está en el pecho por mucho tiempo, es porque no tiene una buena técnica de enganche del pezón y por lo tanto, no está recibiendo una cantidad suficiente de leche. Las compresiones de agua caliente en los senos de la madre son muy efectivas para que el calostro fluya más fácilmente los primeros días de nacido el bebé, sin necesidad de introducir biberones.

6. El suplir la demanda con agua o con fórmula no son prácticas recomendables los primeros días.
La necesidad de suplementar la demanda podría evitarse por completo al ayudar al bebé a lograr una buena técnica de enganche y

succión para que entonces estimule al seno a producir la leche necesaria. Si el personal médico le está diciendo que necesita suplementar con fórmula sin antes haber observado una sesión de lactancia, acuda a otros profesionales que sepan del tema. Si se descarta que sea un problema relacionado con el enganche o prendimiento de la boca del bebé al pezón, y se sugiere suplementar con fórmula, ésta debe ser dada a través de la utilización de un dispositivo de ayuda a la lactancia (como un vasito o un tubo plástico) y no con un biberón. El mejor suplemento es el calostro de la madre que puede ser mezclado con un 5% de agua azucarada si es que no está saliendo al principio. La fórmula, por lo general, no es necesaria los primeros días.

7. *Los bebés prematuros no deben ser dados fórmula.*

Dar de lactar es una parte muy importante del cuidado de bebés prematuros. Si los bebés son muy chiquitos como para succionar, se les puede dar la leche de su madre a través de un tubo. Su madre puede usar un extractor de leche hasta que el bebé tenga el tamaño y la fuerza suficiente como para iniciar la succión por sí solo. La naturaleza ha diseñado las cosas tan maravillosamente que la composición de la leche de la madre que da a luz prematuramente es diferente a la leche de otras madres. La leche de la madre del bebé prematuro contiene nutrientes especiales los cuales ayudan al bebé tan chiquito a crecer y desarrollarse. También son de vital importancia los anticuerpos presentes en la leche materna que previenen las enfermedades.

El calostro, que es el líquido claro que tiene la mama los primeros días, es muy importante por muchas razones. Este líquido de oro es muy nutritivo y muy fácil de digerir. Es el mejor alimento posible para cualquier bebé recién nacido porque prepara al estómago del bebé para recibir la leche materna que vendrá al tercer día después del parto.

Alimentación de fórmula a libre demanda

¿Puede una madre que no ha podido dar de lactar, experimentar la misma cercanía y conexión que experimenta una madre lactante? A pesar de que no existen muchos estudios al respecto, la autora de este libro y muchos otros profesionales creemos que si es posible. Sin embargo, dado que la madre no lactante no experimenta las mismas ventajas hormonales que una madre lactante experimenta, la cercanía y la conexión durante cada sesión de alimentación conlleva un esfuerzo más consciente.

Como se dijo anteriormente, las madres lactantes tienen una ventaja biológica a la hora de establecer un vínculo de apego con sus bebés debido a las hormonas que se secretan en la madre y en el bebé en ese momento. Cada sesión de lactancia es una relación simbiótica. Cada vez que la madre da leche a su bebé, el bebé también le da algo a cambio. Mediante la succión, el bebé estimula la producción de leche y de hormonas (como la prolactina y la oxitocina) que hacen que la madre se sienta conectada con su bebé. Estas hormonas del apego a las cuales Michel Odent llamó hormonas "del amor", están en sus niveles más altos durante los primeros diez días de nacido que es justamente cuando las madres necesitan todo el apoyo hormonal que pueden recibir para aprender cómo cuidar de sus bebés. La prolactina ayuda a las madres a enfrentar situaciones estresantes relacionadas con las demandas del bebé y la oxitocina las ayuda sentirse contentas y relajadas. Juntas, estas dos hormonas proveen el marco hormonal perfecto para que la madre y su bebé alcancen un nivel de conexión óptimo durante cada sesión de lactancia.

Si usted no pudo dar el pecho, sin embargo, no se sienta culpable, ni se sienta menos madre. La lactancia es solo una parte del paquete de oportunidades que usted tiene para conectarse con sus bebé y desarrollar un vínculo de apego. A pesar que el modelo original diseñado por la naturaleza para proveer alimento y cariño es el seno, las madres que dan el biberón pueden también conectarse íntimamente. Lo más importante en cada sesión de comida no es el *qué* sino el *cómo*. Lo que más fomenta el apego y la conexión con su bebé es el comportamiento durante cada sesión, no tanto la fisiología. Si bien las madres que lactan tienen una ventaja hormonal, aquellas que dan el biberón pueden establecer conexiones similares compensando aquella carencia hormonal con comportamientos que enriquezcan la experiencia del bebé en cada sesión de biberón.

Si usted es una de esas madres, estos consejos son para usted: mientras dé el biberón, mire detenidamente las señales de su bebé y aprenda a leerlas. Converse, acaricie y cargue a su bebé como si le estuviera dando el pecho. En lo posible, permita que haya algo de contacto piel a piel durante cada sesión. Si es necesario, utilice ropa de mangas cortas o utilice una blusa con escote para permitirle a su bebé sentir la calidez de sus pechos así estos no le den leche. Con algo de creatividad, usted puede hacerle sentir a su bebé una experiencia casi igual a la experiencia de la lactancia. Hágale sentir siempre que usted es quien lo está alimentando, no el biberón.

Cada sesión de comida es también una sesión de aprendizaje social. Habrá veces en las que el bebé le dé señales de que quiere "comer" pero en realidad lo que quiere es simplemente succionar. En ese caso, tenga listo un chupón. Las madres que no dan el pecho, por lo general, tardan un poquito más en interpretar las señales de sus bebés y en satisfacerlas. Parte de eso tiene que ver con el hecho de que toma algunos minutos el preparar la fórmula y enfriarla, y los bebés no tienen la capacidad de entender por qué está demorando tanto. Lloran o se angustian porque no tienen una noción de tiempo y no saben lo que significa "esperar". Esto causa que a veces cuando esté listo el biberón lo rechacen, no porque no tengan hambre sino porque en el proceso de espera han llorado y sus cuerpos están estresados, por lo tanto, necesitan calmarse antes de aceptar el biberón.

Por este motivo y otros, algunos profesionales de la salud todavía recomiendan a menudo "acostumbrar" a los bebés a comer en horarios pre-establecidos. La realidad, sin embargo, es que al igual que la leche materna, lo mejor es dar la fórmula a demanda. A continuación algunas razones:

1. La leche artificial es de más difícil digestión que la materna y por ello permanece más tiempo en el estómago, aproximadamente 3-4 horas. La recomendación, curiosamente, suele ser la de dar un biberón cada 3 horas. La realidad es que, al igual que con la lactancia materna, no es necesario esperar a que el estómago esté vacío y no hay problema en ingerir leche artificial cuando todavía hay leche en digestión. Por eso, el tiempo de cada sesión o de los lapsos entre cada sesión no deberían ser limitados.

2. Si un niño pide comer a las dos horas de haberse tomado un biberón es señal de que necesita comer, tenga o no tenga leche en el estómago (que por otro lado es imposible saberlo). El problema de imponer unos horarios es que muchos niños tomarán leche antes de tener hambre (lo cual sería un problema menor si la persona que da el biberón entiende que no tiene por qué acabárselo) y muchos otros (este problema es mayor) tomarán leche cuando ya lleven un rato pidiendo porque como "todavía no les toca" se asume que están llorando por otra cosa.

3. Cuando se habla de dar el biberón a demanda no se habla solamente del cuándo sino también del cuánto. Un niño de tres meses necesita entre 328 y 728 kilocalorías diarias (de acuerdo a un estudio de Butte, 2000). Una niña de la misma edad entre 341 y 685 kcal, etc. Mire la tabla a continuación:

Requerimientos de energía de los bebés (kcal/d)		
	Niños	**Niñas**
6 meses	491-779	351-819
9 meses	504-924	459-859
12 meses	479-1159	505-1013
18 meses	804-1112	508-1168
24 meses	729-1301	661-1273

En otras palabras, al igual que con la leche materna y el pecho, los niños que toman leche en biberón deben tomar exactamente lo que ellos quieran y en el momento que quieran. El problema (para ellos) es que en estos casos es muy fácil para los padres ver cuánto toman y por eso tienden a preocuparse o porque come mucho o porque no come lo suficiente.

Mitos relacionados con la lactancia[21]

---

[21] *Citados de "Mitos y Realidades de la Lactancia Materna"* (UNICEF- Ecuador) *y de* Francisca Orchard a través de Emol.com en Chile.

Mitos sobre la madre:

Mito #1: Las mujeres con pechos pequeños no pueden amamantar
Realidad: El tamaño de los pechos no influye en la lactancia ni en la capacidad de tener una reserva de leche suficiente

Mito #2: No todas las mujeres producen una calidad de leche buena o cantidad de leche suficiente.
Realidad: Todas las mujeres producen leche de buena calidad y en cantidad suficiente porque la lactancia es un proceso regido por la ley de la oferta y de la demanda. Las investigaciones nos han mostrado que cuando la madre amamanta dentro de la primera hora post parto y frecuentemente (de 8 a 12 veces en las primeras semanas), la producción de leche se ve aumentada, su hijo incrementa mejor de peso y hay una mayor probabilidad de que su lactancia sea más prolongada.

Mito #3: La madre no puede comer ciertos alimentos durante la lactancia
Realidad: En todo el periodo de gestación y durante la lactancia, la mujer necesita una dieta balanceada. No hay alimentos que aumentan o disminuyen la producción de leche. A mayor succión corresponde una mayor producción de leche

Mito #4: Si la madre está estresada, enojada o asustada no debe dar de lactar
Realidad: El estrés o miedo extremo puede aletargar el flujo de leche
Pero se trata de una respuesta temporal del organismo ante la ansiedad.

Mito#5: Si las madres están embarazadas deben dejar de amamantar
Realidad: Aun estando embarazada de otro bebé la madre puede seguir amamantando. Algunas hormonas que el cuerpo produce en el período de gestación, pueden cambiar el sabor de la leche (¡pero no su calidad!) y por lo tanto el niño podrá progresivamente dejar de lactar.

Mito #6: Si la madre está enferma, no debe dar de lactar y si sigue lactando no puede tomar medicación

Realidad: Si la mujer está enferma (gripe, resfriado, tos, etc.) puede amamantar. Si se trata de otra enfermedad más grave, antes de tomar cualquier medicación, deberá consultar su médico.

Mito#7: Una vez que se interrumpe la lactancia no se puede volver a amamantar.
Realidad: Con una técnica adecuada y apoyo, tanto las madres como los bebés pueden retomar la lactancia, luego de un cambio de leche materna a fórmula. Esta práctica es vital durante una emergencia.

Mito #8: Cuando una mujer tiene escasez de leche, generalmente se debe al estrés, la fatiga o el bajo consumo alimenticio y de líquidos.
Realidad: Las causas más comunes de los problemas en la cantidad de leche son las tomas poco frecuentes y/o el mal enganche del niño al pecho. El estrés, la fatiga o la desnutrición son raramente causa de la insuficiencia del suministro de leche, porque el cuerpo tiene muy desarrollados mecanismos de supervivencia para proteger al lactante en tiempos de escasez.

Mito #9: Una madre debe tomar leche para producir leche.
Realidad: Una dieta saludable de verduras, frutas, granos y proteínas es todo lo que una mamá necesita para proporcionar los nutrientes adecuados para producir la leche. El calcio se puede obtener de una variedad de alimentos no lácteos, como las verduras de color verde oscuro, semillas, frutos secos y pescados. No hay ninguna relación en tomar leche de otros mamíferos para aumentar la propia. Procura tener una dieta balanceada y una adecuada hidratación.

Mitos sobre la cantidad y la calidad de la leche

Mito #10: La cantidad de leche que el niño consume es lo que determina cuánto tiempo pasa entre dos tomas.
Realidad: Mientras que la cantidad es un factor en la determinación de la frecuencia de alimentación, el tipo de leche es igualmente importante. Los estudios antropológicos de la leche de los mamíferos confirman que los bebés humanos estaban destinados a ser alimentados con frecuencia y lo han hecho a lo largo de la mayor parte de la historia. Los recién nacidos comen frecuentemente porque no

pueden tomar volúmenes grandes de leche y aquellos que toman leche materna vacían su estómago más frecuentemente que los alimentados con fórmula –aproximadamente 1.5 horas frente a un máximo de 4 horas–debido al menor tamaño de las moléculas de proteína en la leche humana.

Mito #11: El calostro (la leche que la madre produce en los primeros tres días después del parto) debería ser desechado porque es sucio y antihigiénico.

Realidad: El calostro no se debe desechar porque contiene muchos nutrientes y factores de defensa que fortalecen el sistema inmunológico del bebé. Es como una vacuna.

Mito #12: El calostro es amarillo porque ha permanecido mucho tiempo en el pecho y por eso es leche vieja y podrida.

Realidad: El calostro es amarillo porque está rico en beta-carotenos (una sustancia que previene muchas enfermedades). Además contiene proteínas, vitaminas y es altamente nutritivo.

Mito #13: Si un niño no aumenta bien de peso, es posible que la leche de su madre sea de baja calidad.

Realidad: Las leches de baja calidad no existen. Las bajas de peso tienen mucha más relación con una menor producción de leche, por poco frecuencia de mamadas o con una mala técnica de acople del niño al pecho materno.

Mito #14: Los niños obtienen toda la leche que necesitan durante los primeros cinco a diez minutos de mamar.

Realidad: La composición de la leche materna cambia durante el transcurso del día y a medida que va creciendo el bebé. Mientras que muchos niños mayores pueden obtener la mayor parte de su leche en los primeros cinco a diez minutos, esto no se puede generalizar para todos. Los recién nacidos, que están aprendiendo a mamar y no siempre son eficientes en la succión, a menudo necesitan mucho más tiempo para alimentarse. Más que mirar el reloj, permite a tu hijo tomar todo lo que quiera hasta que muestre señales de saciedad, como el auto-desprendimiento, y sus manos y brazos relajados.

Mito #15: Algunos niños son alérgicos a la leche materna o intolerantes a la lactosa.

Realidad: La leche humana es la sustancia más natural y fisiológica que el niño puede recibir. La mayor frecuencia de alergias a la leche –algo que hoy en día es frecuentemente diagnosticada– se da por la proteína de la leche de vaca (APVL) y no específicamente por la leche materna. Si el niño presenta signos de alergias o intolerancia, debe ser visto por su médico especialista, quien hará una evaluación y probablemente dará instrucciones para eliminar de la dieta materna aquella sustancia que pudiera estar provocando la alergia.

Mito #16: Los bebés necesitan beber aguas aromáticas, té y coladas para fortalecer el estómago o si están con diarrea.

Realidad: La leche está compuesta en un 90% de agua, por lo tanto los bebés no necesitan líquidos adicionales. La mejor manera de fortalecer el bebé es dándole leche materna todas las veces que la pida. Si la diarrea es severa, consulte el médico.

Mitos sobre la frecuencia de la lactancia

Mito #17: El metabolismo del niño se encuentra desorganizado al nacer y requiere que se le imponga una rutina u horario para ayudar a resolver esta desorganización.

Realidad: Desde el nacimiento los niños tienen patrones de alimentación, sueño y vigilia. No es un comportamiento desorganizado, sino más bien refleja las necesidades específicas de esta etapa de la vida. Con el tiempo los niños van adaptando sus ritmos al ambiente que los rodea sin necesidad de entrenamiento.

Mito #18: Nunca despiertes al niño que duerme para comer.

Realidad: Aunque la mayoría de los niños le harán saber el momento que necesitan comer, en el período de recién nacidos algunos son más flojos y no se pueden despertar suficientemente por sí solos. La mamada poco frecuente puede ser causada por falta de madurez del niño, ictericia, partos traumáticos, medicamentos maternos o sobreuso de chupón.

Mito #19: Las madres lactantes deben usar siempre ambos pechos en cada toma.

Realidad: Es más importante dejar que el bebé termine el primer pecho primero, incluso si eso significa que él no tome del segundo pecho durante esa sesión. La leche de una sesión o mamada no será igual todo el tiempo. Sabemos que la leche inicial es rica en agua y azúcares y al final es más rica en grasas. En la medida que la glándula es drenada se accede gradualmente a esta última leche. Si pasas al segundo pecho antes de terminar con el primero, el bebé puede llenarse con la primera leche baja en calorías de los dos pechos en vez de obtener el equilibrio normal de la leche inicial y final en un solo pecho. Eso puede resultar en insatisfacción y poco aumento de peso.

Mito #20: La lactancia frecuente puede dar lugar a la depresión postparto.

Realidad: La depresión postparto es causada por múltiples factores. Puede tener sus orígenes en la fluctuación de las hormonas después del parto, desbalances químicos, predisposición genética, baja autoestima y otros. Puede verse agravada por la fatiga y la falta de apoyo social. Actualmente para algunos autores la lactancia es una práctica que puede disminuir el riesgo de depresión.

Mito #21: Las madres no deben prestarse a ser el "chupón" de sus bebés.

Realidad: Los bebés ocupan muchas veces el pecho como parte de un proceso natural de conocimiento y confort entre madre e hijo. Los chupones son literalmente un sustituto para la succión cuando la madre no puede estar disponible. El uso del chupón en períodos tempranos de la lactancia está vinculado a menor duración del periodo de amamantamiento, ya que interfiere con la frecuencia de las mamadas y en la correcta técnica de enganche al pecho.

Mito #22: La lactancia demasiado frecuente causa obesidad cuando el niño crece.

Realidad: Las últimas investigaciones nos muestran que la leche materna tiene un factor protector en la obesidad y por lo tanto, disminuye el riesgo de ser obeso en el futuro. El fomento de la lactancia prolongada es una de las medidas que se aplica para impactar positivamente la salud de los niños en el ámbito de la nutrición.

Mito #23: La lactancia prolongada más allá de los 12 meses del niño carece de valor, ya que la calidad de la leche materna empieza a deteriorarse a partir de los seis meses de vida.

Realidad: La leche materna es un fluido cambiante y su composición varía de acuerdo a la edad del niño. Aunque el niño comience con la introducción de sólidos a partir del sexto mes de vida, la leche materna sigue siendo el principal recurso de nutrición en el primer año de vida. Actualmente la recomendación de la Organización Mundial de la Salud, UNICEF y la Liga de la Leche es mantener la lactancia exclusiva por seis meses sin adición de sólidos ni otros líquidos; luego, introducir paulatinamente los alimentos y continuar con lactancia mixta hasta los 2 años o el tiempo que madre e hijo así lo quieran.

Lactancia materna continuada

El término "lactancia prolongada" o "lactancia extendida" se usa comúnmente para describir a la lactancia después del primer año. Es lamentable que la palabra "prolongar" de por sí implique que es algo fuera de lo normal, cuando la realidad es todo lo opuesto. Lo normal debería ser dar de lactar exclusivamente por seis meses y de forma complementaria por lo menos por dos años. Así lo recomienda la Organización Mundial de la Salud (OMS), la UNICEF y la Liga de la Leche Internacional (LLLI). Aquellas personas que apoyamos la lactancia después del año de vida preferimos llamarla 'lactancia sostenida' o 'continuada' pues en muchas partes del mundo, continuar la lactancia indefinidamente es lo normal. Sin embargo, en las culturas donde se enfatiza la independencia y la autosuficiencia, el amamantar después del primer año se ve como algo negativo. Entre los latinos, algunos lo ven como una práctica antigua, o algo que solo se hace en zonas menos desarrolladas. Lo interesante es, sin embargo, que en las culturas del primer mundo, las madres que deciden dar de lactar después del primer año son, por lo general, madres con mucha educación y están bien informadas acerca de los beneficios que una lactancia continuada trae no solo para sus niños sino también para ellas.

Dependiendo de la cultura, el seguir dando el pecho a un bebé o niño después del primer año, puede que ocasione ciertas críticas y presiones por parte de los familiares, amigos y los profesionales de la salud que irónicamente no están bien informados. Los profesionales de la educación (psicólogos escolares, logopedas, pedagogos, maestros, educadores) también critican la lactancia continuada. Por lo general, en cuanto se enteran del mantenimiento de la lactancia más allá de lo que consideran "normal" aluden a futuros problemas psicológicos o culpan a lactancia prolongada de cualquier problema de comportamiento, de desarrollo, o de salud que se dé o pueda dar.

No está claro por qué incomoda tanto a la gente el que se dé de lactar a un niño mayor. Sin embargo, se sospecha que una de las teorías a la raíz de estos mitos comunes, es la teoría psicoanalítica de Freud. Este psicólogo austriaco influenció a las culturas de occidente con sus teorías basadas en los deseos sexuales inconscientes. Sigmund Freud creía que gran parte del comportamiento humano está gobernado por deseos inconscientes. Propuso una serie de etapas críticas por las cuales hemos de pasar los primeros años de vida y no solo dio mucha importancia a las experiencias infantiles sino que también sostuvo que muchos deseos inconscientes en los niños son de índole sexual.

Freud decía que en el primer año y medio de vida, la fuente dominante del placer sexual para el niño es la boca (el placer se adquiere a través de la succión del pezón de la madre). Según él, si se permite al bebé un exceso de satisfacción más allá de la etapa que consideraba apropiada (18 meses), entonces las madres estaban permitiendo que la energía sexual esté vinculada a esa parte del cuerpo de forma duradera. A esto lo llamó: *fijación*. Advirtió que los lactantes que reciben demasiada satisfacción oral pueden convertirse en personas muy optimistas y demasiado dependientes de otros en la satisfacción de sus necesidades.

A partir de esta teoría, como es obvio, los senos se volvieron objetos sexualizados incluso durante el periodo de lactancia inicial. La lactancia empezó a ser vista como una manera de la madre de satisfacer la 'energía sexual' del bebé caracterizada por la succión del pezón durante la etapa oral. La gente se olvidó de la función primordial de nutrición de la lactancia, y de su importante rol en el establecimiento de un vínculo de apego seguro con la madre. Se empezó a ver a la lactancia continuada no solo como algo perjudicial, sino incluso como una práctica incestuosa. Los psicólogos temían una "fijación" y una excesiva "dependencia" si las madres continuaban permitiendo que sus hijos amamanten después del periodo oral. Los psicólogos adheridos a esta teoría empezaron a analizar de sobre manera a la lactancia continuada, un hecho que hasta ese entonces era una práctica muy común. El instinto de madre fue completamente envenenado por teorías sin fundamento científico.

La teoría psicoanalítica de Sigmund Freud por muy descabellada que suene, influenció mucho y de forma negativa a la crianza del siglo XIX y lo sigue haciendo. En pleno siglo XXI todavía estamos intentando reparar los daños que este personaje causó a la crianza. Es lamentable que sus teorías continúen siendo estudiadas por los actuales psicólogos en formación pues sus teorías están muy lejos de ser ciencia. Este filósofo replanteó la naturaleza humana y al hacerlo nos llenó de tabús y prejuicios a pesar que sus teorías y tratamientos asociados, como ciencia, fallan en rigurosidad.

La lucha para reparar los daños causados por teorías que carecen de fundamento científico sigue en pie. Si usted es una madre que sigue amamantando después de la "etapa oral", no debe desanimarse por los comentarios de la gente o de los psicólogos. Usted tiene el respaldo científico de La Liga de la Leche, la Organización Mundial de la Salud y la UNICEF. Sus estudios indican que seguir amamantando aporta beneficios emocionales y físicos tanto para los niños como para las madres.

Los beneficios de la lactancia materna continuada para el bebé/niño

1. La lactancia continuada brinda beneficios nutricionales

Mientras que no existen estudios suficientes sobre niños que han lactado pasado los dos años, la información existente indica que la lactancia continuada sigue siendo una buena fuente de nutrición y de protección de enfermedades por todo el tiempo que el niño continúe lactando.

Según un estudio de Dewey, durante el segundo año (12-23 meses) unas 15 onzas (448 ml) de leche materna proveen:

- 29% de los requerimientos de calorías/energía
- 43% de los requerimientos de proteínas
- 36% de los requerimientos de calcio
- 75% de los requerimientos de vitamina A
- 76% de los requerimientos de folato (forma natural de ácido fólico)
- 96% de los requerimientos de vitamina B12
- 60% de los requerimientos de vitamina C

2. La lactancia continuada reduce las enfermedades

La Academia de Médicos de Familia (AAFP) indica que los niños que son destetados antes de los dos años tienen más riesgo de enfermedad. Los estudios demuestran que los niños que amamantan entre los 16 y 30 meses de edad o bien tienen menos enfermedades, o si las tienen, éstas duran mucho menos que los niños que no amamantan. Esto es debido a que los anticuerpos son abundantes en la leche materna durante todo el periodo de lactancia, aún si ésta durara años. Es más, los estudios han encontrado que algunos factores inmunológicos aumentan y se concentran aún mucho más durante el segundo año de vida como también durante el proceso de destete.

Debido a estos factores, la Organización Mundial de la Salud cita que tan solo un aumento leve en los porcentajes de lactancia podría prevenir un 10% de todas las muertes mundiales en infantes menores de 5 años. La Organización Mundial de la Salud hace énfasis en que la lactancia materna juega un rol esencial que se sobreestima en el tratamiento y la prevención de enfermedades infantiles.

3. La lactancia continuada ayuda a reducir los porcentajes de alergias

Sobre esto hay extensos estudios que demuestran que una de las mejores maneras de prevenir las alergias y el asma es lactar exclusivamente por al menos los primeros seis meses de vida del bebé, y continuar lactando extendidamente luego de que se alcance los seis meses. La lactancia extendida ayuda a prevenir las alergias debido a que:
- Se reduce la exposición a alérgenos.
- El sistema gastrointestinal del infante logra madurarse, creando la leche materna una barrera protectora en sus intestinos.

- La leche materna contiene propiedades anti-inflamatorias que reducen el riesgo de infección, las cuales, en muchos casos, actúan para provocar alergias.

4. La lactancia continuada promueve la inteligencia

Algunos estudios demuestran que hay una relación entre los logros cognitivos y académicos de aquellos niños de edad escolar que han lactado por muchos años. Quigley, Oddy, Kramer, Elwood, Pickering, Gallacher, Hughes, Davies Mortensen, Michaelsen, Sanders, Reinisch son algunos de los investigadores que han estudiado los efectos a largo plazo de una lactancia continuada. En sus estudios ellos concluyen que si bien la inteligencia es un concepto muy flexible y variante a través de los años, existe una relación directa entre duración de la lactancia e inteligencia. Mientras más larga fue la lactancia, más alto el coeficiente intelectual y el rendimiento académico de los sujetos estudiados.

5. La lactancia continuada promueve la independencia

El cumplir con las necesidades de dependencia del niño es la clave para lograr la independencia. Un niño independiente es aquel a quien se le han satisfecho sus necesidades de dependencia, y luego se separa gradualmente en sus propios términos para ser un individuo que se siente confiado en este mundo. Se ha encontrado que los niños más independientes son aquellos que no han sido forzados a una independencia prematura. Según Baldwin, la lactancia continuada es una manera cariñosa de satisfacer las necesidades de los niños de dos a cinco años porque no solo les ayuda a limar asperezas, calmar sus frustraciones y a energizarse, sino también les permite tener una transición más gradual y menos estresante hacia el periodo de la escolaridad.

Los beneficios de la lactancia continuada para la madre

1. La lactancia continuada reduce el riesgo de cáncer de mama

Los estudios han mostrado una asociación significativa entre la duración de la lactancia y el riesgo de contraer cáncer de mama. Mientras más dure la lactancia, menos el riesgo, y viceversa. Uno de los estudios más destacados fue realizado en Corea con 110.604 mujeres.

El 51.9% de ellas reportaron haber dado el pecho a sus hijos, y de ese porcentaje de mujeres un 4.1% reportó haber dado de lactar más allá del año. De acuerdo a los exámenes médicos realizados en estas mujeres, aquellas que dieron de lactar tenían menos riesgo de cáncer que aquellas que no habían lactado nunca y el riesgo era mucho menor para las mujeres que dieron de lactar más de 24 meses[22].

2. La lactancia continuada también reduce el riesgo de cáncer de ovario, cáncer uterino y cáncer endometrial.

El riesgo de cáncer endometrial y cáncer uterino está relacionado con los niveles de estrógeno. En un estudio conducido por la Organización Mundial de la Salud (OMS), se concluye que la exposición del estrógeno endógeno es mayor que el de progesterona durante la lactancia, lo cual sugiere que el riesgo de contraer cáncer de endometrio es menor mientras más se dé de lactar. De igual manera, un estudio publicado en la revista americana de nutrición clínica (American Journal of Clinical Nutrition) se encontró que de un grupo de 493 mujeres, aquellas que dieron de lactar más de 13 meses eran 63% menos propensas de contraer tumores en el ovario. Las mujeres que dieron el pecho más allá de los 31 meses eran 91% menos propensas. El estudio concluyó que la lactancia ayuda a prevenir el cáncer de ovario porque la lactancia retrasa la ovulación. Mientras más ovulación, más es el riesgo de que existan mutaciones ovulares, lo cual puede ser el origen de un tumor.

3. La lactancia continuada protege ante la osteoporosis

Durante la lactancia la madre puede tener una disminución mineral en sus huesos. La densidad mineral de los huesos de una madre puede reducirse entre 1 y 2 por ciento cuando ella sigue dando el pecho. Esto se vuelve a recuperar si el bebé es destetado. La densidad de los huesos no depende de que la madre tome suplementos de calcio adicionales. En un estudio realizado por Wilklund y sus colegas, 145 mujeres fueron evaluadas para saber su densidad mineral ósea y el área de sus huesos y se encontró que aquellas mujeres que habían dado de lactar más de 33 meses, sin importar el número de niños, o la edad de la mujer, obtuvieron puntajes más altos de fortaleza ósea en

---

[22] Lee et al., (2003).

comparación de aquellas mujeres que habían dado de lactar 12 meses o menos.

4. *La lactancia continuada reduce el riesgo de artritis reumatoide.*

En un estudio realizado por el Colegio Americano de Reumatología[23], se estudiaron a 674 mujeres, de las cuales el 60% tenían factores indicadores de reumatismo. Los científicos encontraron que los riesgos de contraer artritis reumatoide se incrementaban mientras menos hayan dado de lactar. Por ejemplo, el riesgo para las mujeres que dieron de lactar hasta los 3 meses era del 1.0%; para aquellas que dieron de 4 a 11 meses era del 0.9%; y para aquellas que dieron entre 12 y 24 meses, el riesgo se redujo al 0.5%.

5. *La lactancia continuada reduce el riesgo de enfermedades del corazón*

Stuebe y sus colegas encontraron que la duración de la lactancia estaba asociada con un incrementado riesgo de hipertensión arterial. En un grupo de 55.636 mujeres, 8.861 reportaron preocupaciones de hipertensión. Cuando se analizó los datos de este grupo de mujeres, aquellas que no dieron de lactar a sus bebés tuvieron más síntomas e incidencias de hipertensión que aquellas mujeres que dieron de lactar exclusivamente por seis meses. Además, el estudio encontró que el riesgo era menor para aquellas madres que dieron de lactar por alrededor de doce meses.

6. *La lactancia continuada ayuda a reducir los requerimientos de insulina en las mujeres que padecen de diabetes.*

También hay menos riesgo de contraer diabetes tipo II en madres que no tienen una historia de diabetes gestacional. En un estudio realizado por Stuebe y sus colegas se encontró que con cada año más de lactancia, el riesgo de contraer diabetes tipo II se reducía en un 15%.

7. *La lactancia continuada ayuda a perder peso más fácilmente*

---

[23] Karlson et al., (2004).

Sobre esto no solo hay estudios sino experiencias personales de madres que han perdido peso fácilmente con la lactancia. Una investigación reciente conducida por Sharma y sus colegas con mujeres obesas en los Estados Unidos encontró que aquellas que amamantaban perdieron alrededor de 18 libras (8.2 kilos) más que las madres obesas que no daban el seno.

Como ha podido constatar, los beneficios tanto para el bebé como para la madre son muchos. Sin embargo, aún después de conocer acerca de estos beneficios, mucha gente seguramente le seguirá preguntando: ¿sigues dando el pecho? Recuerde: a palabras necias, oídos sordos. Amamantar prolongadamente, o sea, más allá de la norma, es beneficioso tanto para la madre como para el bebé.

La Organización Mundial de la Salud (OMS) sugiere que la edad promedio de destete alrededor del mundo es entre los tres a cuatro años. Cada madre sabe mejor que nadie qué es lo mejor para ella y su bebé. El destete es un acuerdo entre los dos. Las madres lactantes no deberían permitir que nadie las haga sentir inseguras de sus decisiones. El día que le quitemos tanta cabeza y opinión a la crianza, quizá será el día que podamos aprender a disfrutarla más y a debatirla menos. Lamentablemente, estamos muy lejos de eso. Debemos seguir educando, desaprendiendo, aprendiendo, desmitificando, reafirmando, empoderando. Así quizás un día no dudaremos tanto de nuestra condición, no dudaremos tanto de nuestra capacidad de alimentar a nuestra cría física y emocionalmente, no dudaremos tanto de si hacemos bien o mal, porque simplemente daremos y nos entregaremos. Ojalá algún día seamos más como los niños pequeños que viven más y cuestionan menos.

Alimentación complementaria a demanda

La Organización Mundial de la Salud (OMS), la UNICEF y la Liga de la Leche Internacional (LLLI) recomiendan empezar los sólidos y semi-sólidos (papillas) a partir del sexto mes y a partir del cuarto mes para los bebés alimentados con fórmula. El que se recomiende, sin embargo, no quiere decir que se deba, pues hay bebés que no les interesa empezar sólidos simplemente porque lo dice la OMS, el doctor o el calendario. Si al bebé no le interesan los sólidos, intente nuevamente a las dos o tres semanas. Algunos bebés rechazan los sólidos hasta el octavo o noveno mes, no hay nada de malo en eso cuando se trata de bebés lactantes, pues la composición de le leche cambia para ajustarse a las necesidades del bebé. Con la fórmula esto no pasa, de manera que un inicio más temprano permitirá que la transición a los sólidos hacia el sexto mes sea más fácil pues a esa edad los niños necesitarán reforzar la fórmula con más vitaminas, minerales, fibra y proteínas.

Independientemente de si los niños son alimentados con leche materna o fórmula, es importante recordar que los sólidos son un complemento y no toman precedencia o reemplazan la leche o la fórmula. Los sólidos son una manera de añadir texturas, olores y sabores a la dieta de su bebé para que empiece a experimentar, para que sus sistemas digestivos se preparen, y para ayudar a los bebés a desarrollar su coordinación ojo-mano. La alimentación a libre demanda (tanto de leche como de sólidos) permite una transición más tranquila y cómoda para todos en casa. La alimentación a libre demanda de sólidos (también llamada *Baby Led Weaning* o *alimentación autorregulada*) se caracteriza por lo siguiente:

- Es respetuosa con el bebé, tanto en lo que respecta a su ritmo de desarrollo como en lo relacionado a sus gustos personales.
- Debido a que no se compra o se hace papillas especiales para el bebé, la hora de la comida se vuelve un espacio para compartir en familia, con los alimentos que son servidos en la mesa para todos. Siguiendo normas de seguridad básicas, los bebés de seis meses pueden llevar con sus manos pedazos de comida a su boca sin necesidad de que se les dé en cucharadas. Si a un bebé le cuesta llevarse comida a la boca, probablemente no está listo para comerla. Es importante resistir la tentación de "ayudar" al bebé en esa situación pues es el desarrollo de las distintas habilidades implicadas en el acto de comer lo que asegura que la transición hacia la alimentación sólida sea exitosa. Entendiéndose por exitosa, una transición que se produce al ritmo adecuado y manteniendo el riesgo de ahogamiento a niveles mínimos.
- La alimentación complementaria es más que una sesión de nutrición, un momento de aprendizaje. Por ese motivo, no

implica sustituir la leche por la comida. Al contrario, la idea es permitir que el bebé juegue y aprenda todo lo que quiera con los alimentos, porque para quitarse el hambre y nutrirse, ya tiene la leche materna o fórmula.

- La alimentación complementaria a libre demanda busca y confía que el bebé aprenderá a autorregularse. Al igual que con la lactancia materna a demanda, la alimentación de sólidos a demanda confía en el criterio del bebé o niño a la hora de elegir qué alimentos prefiere, en qué cantidad, en qué orden, etc. De este modo, permitimos que el bebé desarrolle sus mecanismos de control de la saciedad y evitamos que coman en exceso, disminuyendo así la probabilidad de futuras enfermedades, como obesidad o la diabetes.

- No se separan los alimentos por comidas (frutas y cereales en el desayuno o carne y verduras en la merienda), sino que el bebé tiene a su disposición los mismos alimentos que la familia (procurando tener variedad en la mesa). De este modo, el bebé elegirá aquello que le apetece y aprovechará de mejor manera los nutrientes. Un día querrá comerse una fruta y un pedazo de carne, al siguiente una papa o un pedazo de queso. La presencia del hierro (a través de la carne, los cereales integrales o los vegetales verdes) es importante en todas las comidas. Así no las elija cada vez, es importante presentarlas como opción.

- La alimentación de sólidos a libre demanda permite incluir al niño en las comidas familiares, por lo que no sólo aprende sobre la comida y los alimentos, sino sobre buenos hábitos de comunicación y de disfrute con la familia. Así ese momento el bebé no quiera comer, el compartir la mesa con la familia es un aprendizaje importante.

- Al igual que con la lactancia materna a libre demanda, con los sólidos, el bebé come lo que quiere sin importar la cantidad. Le será difícil medir lo que el bebé realmente come porque unos trozos los tira, otros se le quedan en el babero, otros se los come y otros los agarra del plato de la mamá o del papá o del cualquier otro miembro de la familia. El único medidor de la cantidad es la saciedad y satisfacción del bebé.

Después de haber leído de qué se trata la alimentación a libre demanda tal vez se esté preguntando: si se les deja comer lo que les apetece, entonces ¿cómo me aseguro que coma una variedad de alimentos nutritivos? Esa es una pregunta muy válida. Primero que nada la alimentación a libre demanda asume que el menú de la familia será variado y no únicamente restringido a comida chatarra. Segundo, lo interesante de confiar en la capacidad del bebé de nutrirse correctamente es que si les se permite elegir aquello que quieren comer, suelen probar una amplia variedad de comidas. Probablemente esto se debe a que la variedad en este método permite al bebé centrarse en muchos otros aspectos de la comida y no solo en el sabor. Ellos están interesados en la textura, el color, el tamaño y la forma de las comidas, e interesantemente, las comidas con atributos similares se agrupan por sus colores y texturas también. Los almidones, granos y cereales, por ejemplo, son usualmente de color blanco, amarillo pálido o de matices cafés. Los vegetales y frutas tienen colores fuertes y texturas parecidas. De la misma manera, las carnes tanto blancas como rojas tienen colores, formas y texturas similares entre sí pero distintas a los otros grupos de comida. Los bebés experimentarán con la variedad, no porque sepan nada acerca de los beneficios nutricionales de los diferentes grupos, sino porque les interesa probar sensaciones nuevas para sus paladares.

Como vimos anteriormente, la alimentación a libre demanda tiene muchos beneficios. Sin embargo, hoy en día no es una práctica común. Lo común es que los padres reciban instrucciones detalladas de sus pediatras, familiares o amigos sobre cuándo introducir determinados alimentos o si éstos deben darse por la mañana o por la noche y cómo deben estos prepararse. No hay consenso entre los pediatras y eso es porque hasta la fecha no existe evidencia suficiente que respalde por qué ciertos alimentos deban ser introducidos antes que otros. Lo que muchas veces sucede (sin darnos cuenta) es que las recomendaciones en realidad no obedecen realmente a la evidencia científica, sino a los hábitos culturales de una población determinada o a las preferencias personales de su pediatra.

Las recomendaciones que sí son basadas realmente en la evidencia científica son mucho más generales. Estas son:

- Todas las comidas, con la **excepción** de la miel de abeja (debido a que contiene una bacteria que puede producir toxinas y ocasionar Botulismo en los bebés) y la leche de vaca, pueden ser introducidas a los bebés. No existe evidencia de que sea mejor introducir comidas con un orden en particular. Tanto los cereales como las verduras, frutas o carnes pueden ser introducidas en cualquier orden. La miel de abeja y la leche de vaca se deben retrasar hasta los doce meses. Esto es debido a que la leche de vaca no tiene las cantidades de hierro, vitamina C y otros nutrientes que los bebés necesitan y la proteína de la leche puede irritar las capas intestinales y estomacales, lo cual puede causar sangrado al defecar. Si se decide iniciar el consumo de leche de vaca a los doce meses, es recomendable que ésta sea entera con vitamina D, no la descremada.

- Cualquier alimento puede darse a cualquier hora pues la digestión de un bebé funciona igual las 24 horas del día. Sin embargo, si lo que busca es que su hijo duerma más por la noche, (y esta parte no es recomendación general sino personal) evite comidas con alto contenido proteico como las carnes rojas, además de comidas difíciles de digerir como el arroz blanco, el chocolate o los jugos cítricos.

- Los alimentos deben introducirse de uno en uno, separados por al menos una semana. De esta manera, se podrá ir observando si algún alimento en particular le produce diarrea, sarpullidos, tos, dificultad para respirar, vómitos, hinchazón y/o escurrimiento nasal. Si existen alergias en la familia, es posible que su bebé las haya heredado. Las comidas más comunes que pueden causar alergias son: huevos, nueces o maní, soya (o soja), mariscos y alimentos con gluten. Si su bebé tiene una reacción inmunológica o alérgica, avise a su médico. En algunos casos puede darse una reacción alérgica grave cuyos síntomas incluyen hinchazón en la lengua o en la garganta, problemas para respirar e incluso desmayo. En esos casos, llame de inmediato al 911 o al teléfono para emergencias en su país.

- Nunca se debe obligar a comer. La responsabilidad de los padres radica en presentar al bebé una variedad sana de opciones, pero será el bebé quien decida cuáles de ellas quiere comer y en qué cantidad.

- Usar poca sal o azúcar en los alimentos. Algunos estudios sugieren que al exponer a los bebés a lo dulce tempranamente hace que ellos tiendan a preferir comidas dulces posteriormente, y a rechazar todo lo demás. Si no se altera los sabores naturales de las comidas, los bebés experimentan sabores agrios y amargos (muy comunes en algunas las frutas y verduras) que ayudarán a incrementar las probabilidades de que adquieran un gusto por ellas. En cuanto a la sal, es preferible evitar grandes cantidades porque los riñones de los bebés inicialmente no pueden manejar grandes cantidades de sodio existentes en la sal. El exceso de sal y azúcar no es bueno para nadie. Con esta recomendación en particular los expertos intentan dos cosas: 1) que las próximas generaciones se acostumbren a consumir menos sal y menos azúcar, y 2) que los padres no añadan más sal y azúcar a la comida con tal de conseguir que el niño coma. Un poco de sal y/o azúcar en las comidas que preparamos para la familia no será tóxico para los bebés (de hecho los cereales y papillas comerciales las contienen). Sin embargo, si se va a alimentar al bebé la comida familiar, es una buena costumbre separar sus porciones de comida antes de echar más sal o azúcar a las papas fritas, o al huevo, por ejemplo. Se entiende que si el bebé consume la misma comida de la familia, entonces se debe evitar los excesos de sal y azúcar al cocinar. Si es necesario, la familia es la que debe hacer las modificaciones necesarias a sus hábitos alimentarios

- Aumentar la cantidad de alimentos sólidos gradualmente. Unos pocos mordiscos o cucharadas al día son suficientes al inicio, pero gradualmente irá aumentando. El Dr. Carlos González además insiste que no es necesario triturar los alimentos pues parte de este proceso es acostumbrar a las mandíbulas y a los dientes o encías a hacer el trabajo de triturar. Si seguimos la guía de los bebés y su ritmo de aceptación de los alimentos, los padres pueden pasar directamente a los sólidos sin necesidad de triturados o papillas, evitando así que haya un "segundo destete" (cuando los niños se niegan a dejar las papillas para aceptar los "trozos").

- Algunos alimentos deben ser evitados inicialmente porque crean malos hábitos alimenticios. Por ejemplo, además de los alimentos con mucha sal y/o azúcar, también se debe evitar las bebidas de cola y cacao.

- Evitar algunas comidas que si bien son saludables, pueden causar ahogo a los niños pequeños por su forma y textura. Algunos de estos alimentos son: trozos de fruta dura como la manzana, pedazos chiquitos de queso, salchichas, nueces y semillas, canguil (o palomitas de maíz), uvas, moras o fresas enteras. Use su discreción. Si los pedazos de comida son del tamaño de una uva, tenga precaución. Si por el contrario se dan pedazos bastante grandes de carne, verduras o quesos, ellos pueden agarrarlas fácilmente con sus manos y arrancar con sus dientes o encías pequeños pedazos sin poder o tener que meterlos completamente a la boca, tal como lo hacen nuestros parientes los monitos.

Capítulo VI.
Contacto físico continuo

"Todo niño suficientemente amparado y adherido al cuerpo de su madre, será libre. No tendrá miedo. Vivirá dentro de la confianza más absoluta, será generoso porque sabrá que tiene lo que necesita. Sera capaz de estar al servicio de los demás, porque está saciado de amor. Colmado de nutrientes. Rebosante de cuidados. Desapegado de los peligros. Dispuesto a amar".

-Laura Gutman-

La exterogestación

La gestación en los humanos desde la concepción hasta el nacimiento dura entre 38 a 42 semanas. A lo largo de la historia de la evolución, hemos visto que la duración del embarazo se ha ido reduciendo debido al aumento del tamaño del cerebro de los bebés y al estrechamiento de la pelvis de las madres. Los bebés humanos han tenido que atravesar el canal de parto prematuramente para poder nacer. Por lo tanto, la gestación humana se ha tenido que acortar haciendo que naciéramos indefensos e inmaduros. Interesantemente, los estudios recientes demuestran que mientras más tarde salga el bebé del útero de su madre, mejores los chances de que ese bebé sobreviva y se desarrolle mejor.

Se habla de la exterogestación como el periodo en el cual los bebés continúan su gestación y su condición de dependencia fuera del útero de la madre. Al igual que las crías del canguro necesitan ser llevados en la bolsa de su madre, los bebés humanos también necesitan ser cargados o porteados por sus cuidadores para poder desarrollarse óptimamente en el periodo de exterogestación. Los estudios con simios (la especie a la que más nos parecemos) demuestran que un mono recién nacido tiene un más avanzado desarrollo que el bebé humano, pues los monos permanecen en útero por dos semanas más. Según Portman, para alcanzar el mismo nivel de desarrollo de un bebé mono al nacer, el bebé humano necesita ser gestado por veintiún meses. Si, leyó bien, ¡21 meses! Los bebés humanos nacemos prematuramente a los nueve meses y hay quienes nacen aún más prematuros antes de los siete u ocho meses. Mientras más prematuro el bebé, más debe durar su exterogestación, la misma que se provee a través del contacto físico continuo y, en lo posible, del contacto piel a piel.

Según Bostock, la duración de la exterogestación ideal para un ser humano recién nacido duraría alrededor de nueve meses, edad en la que comienza la locomoción cuadrúpeda, es decir, cuando los bebés comienzan a gatear y a explorar el mundo. Por eso, se habla de la exterogestación también como "los segundos nueve meses", pues ese tiempo de contacto físico con los progenitores tras el nacimiento es necesario para completar su desarrollo cerebral. Otros autores, como Montagu, aseguran que el proveer un ambiente con estimulaciones parecidas a las del útero (bebé cargado en posición fetal, poco ruido, mucha alimentación), ayudará al recién nacido a que se adapte más rápido a su nuevo ambiente.

Los estudios dicen:

Un estudio publicado en la revista de Obstetricia y Ginecología de los Estados Unidos[24] en Junio del 2011 y otro publicado por la Universidad de Búfalo[25] en el 2013 muestran que los índices de mortalidad en los recién nacidos se reducen a la mitad simplemente por esperar hasta por lo menos la semana 39 para inducir el parto. Ambos estudios concluyen que los médicos no deben inducir los partos o intervenir quirúrgicamente a no ser que exista una buena razón médica que justifique hacerlo.

La importancia de la cercanía después del parto

La transición desde el útero al mundo exterior es una transición muy dura para todos los bebés, aún si no son prematuros. Incluso los adultos cuando pasamos por un tiempo de importantes cambios o de transición en nuestras vidas, necesitamos algo que nos brinde seguridad y ánimo como la cercanía de nuestros seres queridos. Eso es exactamente lo que la madre provee al bebé recién nacido: un ambiente familiar y el único ambiente biológicamente diseñado para ayudar al bebé a hacer la transición entre dos mundos. El bebé sigue

---

[24] American College of Obstetricians and Gynecologists. (2013)

[25] University of Buffalo, (2013)

familiarizado con la voz de su madre, sus latidos, su olor. Todo esto ayuda al bebé a que la experiencia en el nuevo mundo sea más llevadera.

Los recién nacidos necesitan ser mantenidos a temperaturas cálidas hasta que sus cuerpos se estabilicen. El cuerpo de la madre está diseñado para hacer esto. La temperatura de su pecho se ajusta a las necesidades del bebé. Por ejemplo, si el bebé está muy frío, el pecho de la madre naturalmente se pone dos o tres grados más caliente. Si el bebé está muy caliente, el pecho de la madre baja de temperatura estabilizando al bebé mejor que cualquier incubadora. Este fenómeno se conoce como "sincronicidad termal". Si la madre ha tenido una cesárea, o se le ha administrado un anestésico y está muy adolorida o amortiguada para cargar al recién nacido, el bebé puede ser colocado en el pecho desnudo de su padre. La voz de su padre es también familiar para el bebé y le ayudará a mantenerse calmado y contento. Además, los padres que tienen este contacto inicial con sus bebés tienden a ser padres más involucrados que los padres que se perdieron de la experiencia de ese primer contacto.

Hoy en día hay numerosos estudios que muestran que para fomentar un desarrollo óptimo del bebé, las madres y los recién nacidos deben estar juntos, piel a piel inmediatamente después del parto e incluso semanas después. Un bebé que está piel a piel con su madre es un bebé más contento. Su temperatura corporal se regula, sus frecuencias respiratorias y cardiacas son más estables y más normales, y los azúcares de la sangre se elevan (lo cual es bueno para ellos).

No solo eso. El contacto piel a piel después del parto, ayuda al bebé a adquirir las bacterias de la madre, lo cual junto con la lactancia, juegan un papel importante en la prevención de enfermedades alérgicas.

Para los bebés que nacen prematuramente, se ha comprobado además que el contacto piel a piel, comúnmente llamado *Cuidado de Madre Canguro*, es esencial para contribuir a la salud del bebé. Incluso aquellos bebés que llevan tubos de oxígeno pueden ser cargados piel a piel por sus mamás porque eso les ayuda a reducir su necesidad de oxígeno y les ayuda a mantenerse más estables en otros aspectos de su salud.

El cuidado canguro es para todas las madres de todos los bebés. La piel de la madre es el ambiente natural del bebé tanto física como emocionalmente y es el lugar más sano en el cual puede estar el bebé. Los estudios han demostrado que los bebés prematuros, incluso aquellos que pesan 2 lb., se estabilizan y respiran mejor si están con sus madres inmediatamente después del parto. La necesidad de una infusión intravenosa, oxígeno y/o tubos nasogástricos no les impide estar con sus madres. Sin embargo, si el bebé está enfermo y/o está sufriendo un síndrome de dificultad respiratoria neonatal, por ejemplo, es obvio que la salud del bebé no debe ser comprometida y los procedimientos hospitalarios, en esos casos, sí toman precedencia.

Sin embargo, independientemente de las pocas excepciones, no existe razón que justifique por qué los bebés no puedan estar piel a piel con sus madres inmediatamente después del parto, aún después de una cesárea. Las rutinas hospitalarias como bañar al bebé o pesarlo no deben tomar precedencia. El bebé debe ser secado y puesto en el pecho de su madre inmediatamente después del parto. Nadie debe hacer nada para apresurar a la naturaleza. La madre y el bebé deben ser dejados en paz para disfrutarse mutuamente. Sin embargo, ser "dejados en paz" no implica que la madre deba estar sola con su bebé. Todo lo contrario, idealmente la madre debe estar acompañada por su pareja o por alguien de su confianza, especialmente si ha recibido medicación o anestesia durante el parto. Otras rutinas hospitalarias que pueden esperar son las gotas para los ojos y las inyecciones de vitamina K.

Desde el punto de vista de la lactancia, los bebés que están piel a piel con sus madres por lo menos por una hora, tienen más probabilidad de prenderse del seno sin ayuda de los adultos. Eso pasa especialmente cuando la madre no ha recibido medicación durante la labor de parto. El contacto físico y el éxito de la lactancia van de la mano. Los estudios demuestran que los bebés que reciben contacto piel a piel tienen más probabilidad de lograr una buena técnica de enganche y succión del seno y de tener una lactancia exitosa por más tiempo.

Si durante esa hora de contacto piel a piel el bebé no busca o acepta el seno, no entre en pánico. No hay ningún apuro especialmente con un bebé que nació a término. Ellos comerán cuando estén listos y no existe ningún motivo para forzarlos.

Cuando la separación ocurre después del parto

A veces está lejos de nuestro alcance el controlar lo que pase en el hospital, clínica o centro de maternidad. Si la separación después del parto ocurrió, independientemente de las razones por las que se las hizo, no se lo ha perdido todo. Una vez que los bebés se reúnen de nuevo con sus madres después de horas de nacidos, los bebés se recuperan emocionalmente y físicamente casi inmediatamente. Sus frecuencias cardiacas y temperaturas se regulan y sus niveles hormonales de cortisol (la hormona del estrés) regresan a niveles aceptables. Una vez que el bebé esté estable, usará toda su energía para alimentarse y crecer, en vez de usarla para intentar sobrevivir. Como especie, los bebés humanos saben instintivamente que para sobrevivir necesitan el cuidado de sus madres. Por lo tanto, cuando son separados de ella lo único que quieren es recuperarla.

Los beneficios de cargar en brazos o portear

Por décadas se nos ha dicho en las culturas de Occidente que cargar a los niños mucho los hace "muy mimados", mientras que en el resto del mundo los bebés han sido siempre cargados o porteados con un pareo todo el día hasta que puedan caminar por sí solos. Aquellos países con los índices más bajos de violencia son justamente aquellos donde más contacto físico reciben los bebés y niños. Evidentemente, hemos estado cegados por mitos sin fundamento porque el contacto físico brinda únicamente beneficios:

1. Inteligencia

Una de las ventajas de la crianza con contacto físico (o apego) es que los bebés son más inteligentes en comparación con aquellos que no son criados de esta manera. ¿Cómo sucede esto? Aprendamos un poco acerca de la biología del cerebro para ver como la crianza con apego influye en la inteligencia:

Como lo vimos anteriormente, los bebés al nacer tienen en su cerebro miles de cables enmarañados llamados neuronas. De las conexiones que éstas hagan depende la inteligencia, y a su vez, estas conexiones se facilitan gracias a que el bebé vive en un ambiente sensible a sus necesidades y que le permita interactuar con el mundo de manera segura.

El estar cerca de sus padres o cuidadores es una necesidad de todo bebé. Si éste llora mucho tiempo antes de que los adultos satisfagan esa necesidad, el bebé no tendrá la seguridad ni la energía mental de explorar el mundo y formar más conexiones cerebrales, pues está preocupado de sobrevivir (sabe instintivamente que su supervivencia depende de la cercanía de su madre o cuidador principal). Así pues, los bebés que se crían con poca interacción y poca respuesta de los adultos no tienen las mismas oportunidades que aquellos bebés que se crían en un ambiente más sensible a sus necesidades. Mientras más conexiones neuronales se forman en los primeros años de vida, más inteligentes serán. La inteligencia no depende de los caros juguetes educativos, ni de las clases de estimulación temprana, ni de los videos de Mozart. El mejor estimulante es usted. Más que ningún material novedoso y costoso, los bebés necesitan adultos disponibles y afectuosos que respondan a sus necesidades.

2. Previene la plagiocefalia

Según Littlefield, la plagiocefalia ocurre cuando en la cabeza del bebé se desarrolla una zona plana o asimétrica debido a algún tipo de presión externa. Un motivo cada vez más común por el cual algunos bebés desarrollan un área plana en la cabeza es por permanecer demasiado tiempo acostados sobre sus espaldas en una superficie plana.

3. Conveniencia

Cuando se portea a un bebé, podemos caminar con las manos libres y sin preocuparnos de las multitudes, de las gradas o desniveles del piso, o de los espacios angostos por donde usualmente no pasa el carrito de bebé. Además, un portabebés o fular puede bloquear estímulos excesivos y se puede dar de lactar discretamente dentro de un fular en lugares públicos. Un fular o portabebés puede además servir como una colchoneta para cambiar de pañal o puede servir como una colcha cuando se ha dormido en un lugar que no sea su casa. El portear un bebé es especialmente beneficioso cuando en los viajes por avión. Las esperas, el manejo de las maletas y los malhumores causados por el estrés y el maltrato propio de los viajes largos, se solucionan fácilmente con la disponibilidad y la cercanía física característica del porteo. Los pasajeros de ese avión le agradecerán que lo haga, pues su bebé estará feliz y las probabilidades de que llore son menores.

4. Menos llanto y más sonrisas

Los estudios han mostrado que mientras más se marque o se portee a los bebés, menos llorarán. En las culturas indígenas donde portear a los bebés es la norma cultural, los bebés usualmente lloran solo pocos minutos al día. En el mundo industrializado de Occidente, por el contrario, los bebés a menudo lloran por algunas horas al día. El llanto es agotador tanto para el bebé como para los padres y puede causar daños permanentes en el cerebro en desarrollo del bebé, el cual se encuentra inundado de las hormonas del estrés cuando su llanto es prolongado. Por el contrario, los bebés que son cargados o porteados no necesitan gastar sus energías en ser atendidos, sino que devotan esa energía a observar y a aprender calmadamente acerca de su ambiente.

Los estudios dicen:

En 1986, un equipo de pediatras de Canadá[26], estudiaron a un grupo de 99 madres. Al primer grupo de madres se les asignó un portabebés y se les pidió cargar a sus bebés por lo menos por tres horas extra al día. Se les animo a cargar al bebé todo el día, no solo en respuesta a sus llantos sino en general. Al otro grupo de padres no se les dio ninguna dirección sobre qué hacer. Después de seis semanas, los bebés que eran cargados más, lloraban y se quejaban un 43% menos que el grupo de bebés no porteados.

---

5. Mejor desarrollo psicomotor

Cuando un bebé está cerca del cuerpo de su madre o cuidador principal, él está entonado al ritmo de su respiración, de las palpitaciones de su corazón y de los movimientos que ella o él hace al caminar, agacharse, y estirarse. Esta estimulación ayuda al bebé a regular sus propias respuestas físicas, a desarrollar su sistema vestibular,

---

[26] Hunziker & Barr , (1986).

el mismo que controla el balance corporal. Cualquier tipo de movimiento que se da al ser porteado activa el sistema vestibular de los bebés. El pareo o fular es en esencia un vientre transicional para el recién nacido que no ha aprendido todavía a controlar sus funciones corporales y movimientos.

Los estudios dicen:

Kreutzberg & Che, estudiaron el desarrollo del sistema vestibular con bebés entre 3 a 13 meses, quienes tuvieron 16 sesiones de giros en una silla giratoria, lo cual además era muy divertido para los bebés. Otro grupo de bebés simplemente fueron cargados por los investigadores. Al cabo de la intervención, se constató que aquellos que fueron girados en la silla mostraban mejores reflejos y motricidad, especialmente al caminar, sentarse y pararse. A pesar que este experimento no fue directamente relacionado al porteo, los beneficios de los movimientos giratorios para el desarrollo del sistema vestibular pueden ser aplicados al porteo pues, el bebé experimenta movimientos similares al ser porteado[27].

---

6. Menos cólicos

Si su bebé llora por más de tres horas, más de tres días en un periodo de tres o más semanas, lo más seguro es que su pediatra lo diagnostique con cólico neonatal o cólicos del recién nacido. A pesar que es reconfortante saber cuál es la causa del llanto incontrolable de los bebés, es triste no poder calmar su dolor. La medicina no ha podido identificar hasta el momento cuál es la causa de los cólicos, por lo que resulta difícil poder prevenirlos o aliviarlos. Por fortuna, los bebés que son cargados o porteados tienden a tener menos cólicos y a llorar menos que aquellos que pasan su tiempo en los carritos de bebé o en los corrales. Algunos expertos creen que el cólico es un síntoma de que los bebés necesitan más contacto físico. De ser así, ese síntoma puede fácilmente ser solucionado a través del porteo. Al ser cargados en posición vertical y gracias al movimiento arrullador que produce el

---

[27] Kreutzberg & Che, (1977)

porteo, los bebés tienen mejor digestión y la acumulación de gases abdominales asociadas con los cólicos, es menor.

7. Promueve el apego seguro

Mientras más seguro esté usted sobre su estilo de criar, más relajado estará y más disfrutará a sus hijos. Los padres que portean a sus hijos usualmente aprenden a leer sus señales de comunicación antes de que se desate el llanto y por lo tanto, pueden satisfacer sus necesidades prontamente. Esto ayuda a mantener la paz y la calma en casa. Este ciclo de interacciones positivas entre los padres porteadores y el bebé, hace que se intensifique el vínculo de apego que se establece entre ellos y trae más felicidad a ambos.

Portear además es muy útil para todo adulto que sea parte de la vida del bebé, no solo para los papas. La cercanía física característica del porteo hace que los vínculos entre los cuidadores y el bebé crezcan más fuertes. Los bebés, además se sienten cómodos y seguros en esa posición.

Tipos de portabebés

A la hora de adquirir un portabebés, debemos asegurarnos que sea ergonómico. El término *ergonomía* hace referencia al estudio de los datos biológicos y tecnológicos que permiten la adaptación entre el hombre y las máquinas o los objetos. De la misma manera que existen sillas y pupitres no ergonómicos que nos hacen jorobar y nos causan dolores de espalda, en el mundo de los portabebés, también hay ergonómicos y no ergonómicos.

La posición natural y cómoda de un bebé se asemeja a una ranita o a

---

Los estudios dicen:

El contacto físico continuo estimula la producción de oxitocina que es "la hormona del amor". Los estudios de Gribble en el 2007, concluyeron que la proximidad física que se da a través del uso de los portabebés y/o fulares ayuda al desarrollo emocional del bebé y promueve el establecimiento de un vínculo de apego seguro. Además, al estar tan cerca los padres pueden responder a las necesidades del bebé más efectiva y rápidamente.

---

una M. Sus piernas no cuelgan, su espalda queda bien sujeta y su peso no recae sobre sí mismo. El portabebés ergonómico permite una posición natural y beneficiosa para el desarrollo de las caderas, piernas y espalda del bebé. Se ajusta y adapta al cuerpo del bebé para permitirle descansar sobre su papá o mamá, sin cargar con su propio peso. El portabebés ergonómico sujeta perfectamente al bebé y libera por completo las manos del porteador permitiendo que el bebé quede bien pegado al cuerpo del porteador de manera que aún si éste se agacha, el cuerpo del bebé no se desprende. Los fundamentos del porteo ergonómico son la seguridad y la comodidad del bebé.

Un portabebés ergonómico con el asiento preformado (mochilas ergonómicas, mei-tais y sus variantes) impide colocar al bebé de frente por su propia constitución. De igual manera, con los fulares, si no se leen las recomendaciones sobre porteo y los diferentes nudos y posiciones de uso, éstos pueden ser usados de modo incorrecto y de maneras totalmente contraindicadas.

Un portabebés es ergonómico también para los padres cuando no causa dolores de espalda o de hombros al cargador. El peso del bebé se reparte bien sobre las caderas y no recae todo el peso en las lumbares. Las tiras de los hombros son anchas para que el peso se reparta bien y no queden cerca del cuello, sino que pueden colocarse encima de los hombros o entre el cuello y el hombro para que no se cargue la zona del cuello.

Existen diferentes tipos y modelos de portabebés ergonómicos en el mercado. A continuación una breve descripción de los más utilizados con ilustraciones por Kim Carter.

1. Portabebés tipo mochila "ergonónica"

Las mochilas de este tipo, respetuosas tanto con la fisiología del bebé como del portador, permiten transportar con comodidad al niño desde el nacimiento hasta los 15 kg de peso, y muchas de ellas incluso más. Son fáciles de usar e ideales para las caminatas largas o paseos porque permiten tanto al bebé como al porteador, máximo confort. Algunas incluso permiten las posiciones de frente como la Ergo 360. Sin embargo, hay que tener cuidado porque muchas marcas dicen ser tanto para la posición pecho a pecho (con el bebé mirando al porteador), como de frente (bebé con la cara al mundo) pero en realidad no lo son. La única manera de saber si un portabebés es realmente cómodo y ergonómico es probándolo con el bebé al momento de hacer la compra. No te dejes engañar por la industria.

2. Mei Tai

Este es un portabebés de origen oriental. Se trata de un rectángulo de tela con cuatro tirantes, dos de ellos van a la cintura y dos más para sujetar la parte superior. Pueden empezar a usarse cuando el bebé ya puede mantener su cabeza erguida (5 o 6 meses aproximadamente) hasta los 2 o 3 años de edad, si se desea. El peso se reparte entre las caderas y hombros del porteador y se puede posicionar al bebé en la espalda, en el pecho del porteador o en las caderas. Son más económicos que los portabebés tipo mochilas pero los nudos pueden resultar complicados.

3. Bandolera de anillos

Este portabebés es una tela larga que lleva unidos sus extremos mediante unos anillos grandes, lo cual permite ajustar el tamaño de la tela a las necesidades de cada momento. El peso se reparte por la espalda y un solo hombro. Existen bandoleras de diferentes tejidos y modelos (gruesos, ligeros, incluso para la ducha). Puede usarla desde el nacimiento en posición tumbada lo cual favorece la lactancia. Permite también llevar al bebé en posición erguida sobre el pecho del porteador. Uno de los inconvenientes con este portador es que dado que el peso recae en un solo hombro, los padres suelen cansarse muy rápidamente y tienen dolor muscular.

4. Pouch

Es muy similar a la bandolera anterior, con la diferencia de que no lleva anillos. Es sencillamente una tela cosida en forma de tubo que se ajusta a la posición deseada. Si la tela es demasiado grande, el bebé irá menos sujeto y más abajo. Y si la bandolera no tiene suficiente tela, el niño irá más arriba, más apretado y puede ser difícil colocarlo. A pesar que es muy sencillo de utilizar porque no requiere ningún nudo, las peculiaridades de este portabebés hacen que no sea posible ajustar la tela al tamaño del bebé de manera que los padres se ven obligados a comprar otro portabebés a medida que el bebé va creciendo. Por otro lado, es difícil colocar a los bebés recién nacidos en este portabebés y a veces requiere de dos personas para hacerlo correctamente.

5. Fular

Se trata de una larga pieza de tela que sirve para ajustar al bebé a la posición deseada mediante nudos. La tela adecuada en fulares no elásticos es aquella que cede solamente en sentido diagonal, sin ceder de manera transversal o vertical. El peso recae en diferentes zonas del cuerpo del porteador, dependiendo de la posición elegida. Es el portabebés más versátil porque permite un gran número de posiciones y es además el portabebés más adecuado para el bebé, fisiológicamente hablando. Un inconveniente con este tipo de portabebés es que la tela es larga y requiere que los nudos sean precisos.

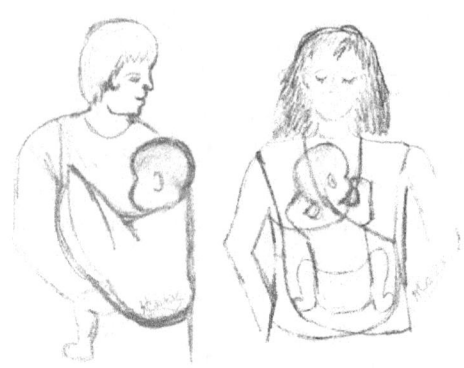

Posición de frente o "cara al mundo"

El principal motivo que lleva a los padres a portear en esta posición es la creencia de que el bebé lo quiere ver todo y que de otra manera se aburre. Frente a esta creencia le puedo decir que los bebés no se entretienen al ver de frente sino, todo lo contrario, se sobre-estimulan. Al verlo todo muy rápidamente están recibiendo más información de la que su cerebro les permite procesar. Además, pierden todo el contacto visual con su madre o padre, lo que para ellos es como si estuvieran solos. Un bebé porteado en el pecho de su papá o mamá, siempre tiene al alcance de su vista la referencia paterna o materna. De tal manera que si se asusta, se sobresalta o simplemente quiere relajarse, tiene a su disposición el pecho de papá o mamá y su mirada. Los bebés necesitan estímulos, sí, pero en las dosis adecuadas y siempre con la posibilidad de tener a la vista a su punto de seguridad y referencia: sus padres.

Un bebé porteado mirando hacia al frente además va incómodo porque en vez de ir sentado en su pompis, va colgado sobre sus genitales (una zona muy sensible) soportando éstos todo el peso de su tronco. Eso no es su fisonomía natural. La posición ranita, por el contrario, es la posición óptima para favorecer la correcta formación de la cadera (100-110° flexión y 40-45° abducción) y de la columna. Mirando hacia el frente su columna está recta, sus piernas extendidas, y todo el peso y la tensión de su propio peso recae en los genitales. Además, con esa postura la gravedad no permite tener al cuerpo del bebé lo suficiente pegado al cuerpo del porteador, de manera que su columna no está debidamente sostenida y no se le da apoyo a la cabeza. En bebés que ya se mantienen erguidos por sí solos esto no sería un problema. Pero cuando todavía no, al dejarlos sin apoyo en la cabeza, les estamos obligando a forzar su columna y musculatura para mantener una postura para la que todavía no están preparados. Finalmente, en esa postura el bebé no puede reposar su cabeza para descansar o dormir.

Desde el punto de vista social y emocional, el porteo "cara al mundo" no permite a los padres leer las emociones de sus bebés y asegurarse que van cómodos y contentos. A pesar de que si hay mochilas ergonómicas que permiten esta posición, no es recomendable por largos periodos de tiempo. Peor aún si se hace de esta posición una costumbre pues puede repercutir negativamente en su fisonomía.

Capítulo VII.
Respuesta rápida y efectiva a las necesidades

"El llanto es a veces el modo de expresar las
cosas que no pueden decirse con palabras".

-*Concepción Arenal*-

El mito de la manipulación

El responder a las necesidades de los bebés rápida y efectivamente es la base del establecimiento de un vínculo de apego seguro. Además, la respuesta efectiva a las necesidades del bebé es el único pilar de la crianza con apego que fortalece todos los otros pilares, puesto que a través de éste, se asume que tanto la alimentación a libre demanda, la necesidad de permanecer cerca a los padres por el día y durante la noche, serán satisfechas. Este pilar presupone que los padres son capaces de ver el mundo desde la perspectiva de sus bebés más no desde una perspectiva adulta, e implica confiar en la benevolencia de los bebés y niños pequeños, despojándonos del común mito de que ellos manipulan.

Los bebés y niños pequeños no manipulan a los adultos a través del llanto. Sus llantos y señales de comunicación denotan una verídica necesidad o deseo. De hecho, la manipulación los primeros años de vida resulta biológicamente imposible porque para poder manipular, los seres humanos necesitamos primero tener la maduración cerebral necesaria para comprender que las mentes de otras personas piensan de manera diferente a la nuestra permitiéndonos interpretar y predecir qué conducta tendrán los demás y sabiendo cómo se puede influir en ella con nuestra propia conducta. Los bebés y niños menores a tres años no tienen esa capacidad de interpretar lo que otros quieren, ni de ponerse en los zapatos de otros. Es por esto que les resulta imposible manipular a otros, pues en sus mentes solo cabe una cosa: que su realidad y sus deseos, son la realidad y los deseos de todos.

La "Teoría de la Mente", que es el nombre científico que se le ha dado a esta capacidad de entender que otros tienen una mente independiente a la nuestra, se desarrolla alrededor de los tres o cuatro años. Es por esto que, antes de los tres años, el atribuir a una conducta el carácter de manipulante, no solo es erróneo sino imposible. Antes de los tres años, los niños tienen un solo recurso para lograr obtener de los adultos aquello que desean: la comunicación. Aquellos que no hablan, lloran. Y después lo hacen más fuerte hasta obtener una respuesta. Aquellos que ya pueden hablar, primero lo piden y si no se les concedió lo que pidieron a la primera, entonces lloran o hacen berrinches. Todo esto está lejos de cumplir la definición de la Real Academia de la Lengua Española sobre la palabra *manipular*. Citado textualmente, manipular significa "intervenir con medios hábiles y, a veces, arteros, en la política, en el mercado, en la información, etc., con distorsión de la verdad o la justicia, y al servicio de intereses particulares". Ahora bien. Es cierto que los bebés y niños pequeños intervienen con medios hábiles (sus llantos y berrinches) para satisfacer sus intereses personales. Sin embargo, estos medios hábiles se reducen a la comunicación de un genuino deseo. De ninguna manera están distorsionando la verdad o la justicia pues la única verdad que cabe es que tienen un claro deseo, y lo justo es que sea tomado en serio.

Ante esto muchos de ustedes pensarán: "entonces si piden comerse toda la bolsa de dulces y chocolates, ¿hay de dejarles?" Obviamente no. Para eso estamos los padres, para proteger tanto su salud dental y general como su seguridad. Aquel genuino deseo de comerse todos los dulces en la bolsa es perjudicial para su dentadura y, por lo tanto, por supuesto que cabe un "no", seguido de un "porque" (una simple razón). El hecho de que deseen comerse muchos dulces no significa que lo estén manipulando a usted a través de sus llantos o berrinches. Simplemente significa que realmente lo quieren y es nuestro trabajo el explicarles porqué eso no es posible.

Aquí cabe una diferenciación entre necesidad y deseo. Es un deseo (no una necesidad) el querer comerse toda la bolsa de dulces, en eso todos estamos de acuerdo. Sin embargo, lo que muchos no ven, es que es una necesidad de todo niño el sentirse valorado al saber que sus peticiones (por más descabelladas que suenen) son tomadas en serio independientemente de si la respuesta sea positiva o negativa. Es también una necesidad de los niños el sentir que si los padres han dicho "no", es por una razón lógica y justificada, no simplemente porque eso es lo que se les ocurrió decir ese rato para afirmar su autoridad. Es una necesidad además el ser acompañados en la expresión de las emociones que se originan ante la respuesta negativa de los adultos. El que los padres seamos el origen de sus emociones desagradables (como la ira o la tristeza) debido un "no" ante sus pedidos, no significa que no podamos acompañarlos en su expresión. Una crianza respetuosa no se trata de nunca decir "no". Se trata de enseñar a nuestros hijos que un "no" no es el fin del mundo, y de acompañarles en la expresión de las emociones que aquella negativa genere.

Creencias (FC) en los estudios sobre TdM. Para comprender las falsas creencias los niños estudiados deben establecer la diferencia entre el mundo real y el mundo mental. La demanda cognitiva de esta tarea requiere que los niños tomen la perspectiva de un personaje, comprendan la relación entre los comportamientos y los estados mentales y sigan una narrativa. Los estudios han demostrado que los niños menores a 3 años no tienen la capacidad entender otras perspectivas mentales. Los niños de 4 años ya son capaces de realizar estas tareas.

La TdM es una función compuesta del cerebro que involucra memoria, atención, reconocimiento perceptual complejo, lenguaje, funciones ejecutivas (como el poder razonar moralmente y reconocer las intenciones o metas de la gente), reconocimiento de las emociones en otros, empatía e imitación. Por lo tanto, el desarrollo de la TdM depende de la maduración de algunos sistemas cerebrales, los cuales son moldeados por la crianza, las relaciones sociales y la educación. [28]

El llanto

Los bebés comunican sus necesidades de muchas maneras. Ellos mueven sus cuerpos de diferentes maneras y exhiben expresiones faciales específicas para comunicar sus necesidades, incluso mucho antes de recurrir al [28]llanto. En nuestra sociedad se escucha mucho

---

[28] Benavides & Roncacio, (2009)

decir que el llanto es la manera en la que los bebés se comunican. Eso es cierto. Sin embargo, el llanto es un medio de comunicación tardía, pues es el último recurso que un bebé tiene para ser atendido y, a través de él, comunica la urgencia de su necesidad. Mientras más capaces seamos los adultos de entender las señales de comunicación de nuestros bebés, más efectivos seremos al satisfacer sus necesidades prontamente. Por ende, tendríamos todos bebés totalmente felices y completamente seguros.

Los científicos han encontrado que los bebés humanos nacen con la expectativa de que sus necesidades sean satisfechas rápidamente. Cuando los adultos respondemos rápida y consistentemente, los bebés aprenden sus primeras lecciones de confianza y empatía. Muy a menudo, sin embargo, los padres esperan a que los bebés lloren para responder a sus necesidades. El problema es que al hacerlo de esa manera, les toma mucho más tiempo satisfacer la necesidad pues el bebé primero necesita ser consolado y calmado para entonces sentirse dispuesto a comunicar nuevamente su necesidad. Los padres se desesperan porque creen no saber qué necesita el bebé y entonces aluden a otros motivos inexistentes o hacen citas con los pediatras pensando que probablemente hay algún otro problema.

Este mal patrón de comunicación podría perfectamente ser evitado si los adultos respondemos de manera eficiente a las primeras señales de comunicación de los bebés. Los bebés no pueden ser comunicadores eficientes mientras lloran. Tienen que calmarse primero para comunicar lo que necesitan (lo mismo nos pasa a muchos adultos). Puede que rechacen el alimento aun cuando tengan hambre, o que sigan llorando aun después de haberlos cargado cuando lo único que pedían es eso. Los bebés necesitan ser reafirmados. Deben darse cuenta que sus padres están ahí para satisfacerlos y que esa sensación de desamparo momentánea fue solo una falsa alarma. Una vez que un bebé confíe nuevamente, podrá entonces ser receptivo a la comunicación con sus cuidadores.

¿Cómo entonces identificar esas primeras señales de comunicación? ¿Cuáles son? ¿Cómo estar seguros? Todas estas preguntas son válidas y respetables, pues no nos viene natural saber leer las señales de nuestros bebés. Por muchas generaciones los seres humanos nos hemos desconectado de nuestros instintos y capacidades naturales. Esto significa que ahora nos toca aprenderlos nuevamente, como si nunca los hubiéramos sabido. Más sobre esto en las próximas páginas.

La arquitectura del cerebro

El Centro del Niño en Desarrollo (Center for the Developing Child) de la Universidad de Harvard ha estudiado por muchos años la arquitectura del cerebro de los bebés. Gracias a los avances tecnológicos, estos científicos nos confirman algo muy importante: que las experiencias de un bebé al inicio de su vida forman la base para todo lo que vendrá después. Un sano desarrollo en los primeros años de vida es precursor de todo lo que vendrá después: logros académicos, productividad económica, responsabilidad social, salud de por vida, comunidades sólidas y mejores patrones de crianza para la siguiente generación. Los avances de la neurociencia, de la biología molecular y de la genómica (el estudio del funcionamiento, el contenido, la evolución y el origen de los de genes contenidos en los cromosomas), hoy nos permiten entender cómo las experiencias tempranas forman nuestro cerebro.

Los primeros años de vida son cruciales en el desarrollo de los circuitos del cerebro. El cerebro tiene mayor plasticidad o capacidad de cambio durante esta primera etapa de la vida. Esto significa que es un periodo tanto de gran oportunidad como también de gran vulnerabilidad. Durante los primeros años, las experiencias de un bebé tienen la mayor influencia en su desarrollo cerebral, para bien o para mal. En ninguna otra etapa de la vida el ambiente tendrá tanto influencia como en los primeros dos. Eso significa que resulta mucho más fácil y menos costoso el formar una estructura cerebral sólida durante los primeros años de vida, que intervenir después para intentar arreglarla. Los cerebros humanos nunca paran de desarrollarse, de manera que nunca será demasiado tarde para formar nuevas conexiones neuronales. Sin embargo, para poder establecer una base fuerte en la arquitectura del cerebro, cuanto antes, mejor.

Las vivencias de un bebé instalan las estructuras cerebrales que son la base para todo futuro aprendizaje, comportamiento y patrones de salud. Al igual que una estructura arquitectónica débil compromete a largo plazo la calidad y duración de un edificio, en el cerebro, las experiencias negativas también comprometen la arquitectura cerebral y sus efectos perduran hasta la adultez. ¿Cómo ocurre esto? Le explico:

Los cerebros se construyen poco a poco, empezando por las estructuras más simples y continuando con las más complejas. La arquitectura básica del cerebro es construida a través de un proceso continuo que inicia incluso antes del nacimiento y continúa hasta la adultez. Las conexiones neuronales simples se forman primero, y los circuitos más complicados que son la base para las otras habilidades y destrezas, se forman después. En los primeros dos años de vida, el cerebro de un bebé forma entre 700 a 1.000 nuevas conexiones neuronales cada segundo. Después de este periodo de rápida proliferación, las conexiones se reducen a través de un proceso parecido al podar de un árbol. Al igual que con los árboles, el proceso de podar las estructuras cerebrales permite que los circuitos neuronales se hagan más eficientes.

En el cerebro se forman billones de conexiones neuronales distribuidas en las diferentes áreas del cerebro. Las conexiones que se usan más, crecen más fuerte y permanentemente, mientras que las conexiones que se usan menos, se desvanecen. A través de este proceso, las neuronas forman circuitos y conexiones sólidas que conforman las emociones, las habilidades motoras, la regulación del comportamiento, la lógica, el lenguaje y la memoria. La formación de estas habilidades durante el periodo temprano es crítico en el desarrollo de todo ser humano.

La clave para formar una arquitectura cerebral fuerte es una interacción bidireccional con los adultos. En este juego de interacción, las nuevas conexiones neuronales que se forman en el cerebro, son comunicadas a los adultos a través del balbuceo, expresiones faciales y gestos. Éstas, a su vez, se refuerzan y multiplican cuando los adultos responden a los llamados de los bebés de una manera directa y significativa. Esta interacción comienza muy temprano en la vida cuando un bebé emite sonidos y el adulto dirige su atención hacia la cara del bebé. A través de esta interacción, se forman los cimientos de la arquitectura cerebral, sobre la cual toda futura capacidad o habilidad será construida.

En la ausencia de un adulto que responda sensiblemente y de forma constante, la arquitectura del cerebro no se forma como la naturaleza la diseñó. Esto, lamentablemente, puede resultar en problemas posteriores de aprendizaje y de conducta pues el cerebro es un órgano muy vulnerable y complejo. Sus múltiples funciones operan coordinándose entre sí, de manera que las estructuras cerebrales que no se formaron inicialmente, impactarán negativamente en la posterior formación de las capacidades cognitivas, emocionales y sociales del niño o niña. Todas estas habilidades están intrínsecamente conectadas entre sí durante todo el curso de la vida. El bienestar emocional y las habilidades sociales proveen una base fuerte para otras habilidades cognitivas que emergerán después. Al mismo tiempo, cada etapa se construye sobre lo que ocurrió anteriormente. Es por esto que si nos aseguramos de que cada niño tenga a un adulto cuidador que consistente y efectivamente responda a sus necesidades, estaremos construyendo los cimientos en el cerebro para albergar todo futuro aprendizaje, conducta y patrones de salud tanto físicos como mentales.

El estrés tóxico

El Centro del Niño en Desarrollo afirma que aprender a manejar el estrés es una parte importante de un desarrollo saludable. Cuando experimentamos un estrés sano, nuestro sistema de respuesta del estrés se activa. Nuestros cuerpos y cerebros entran en un estado de alerta. Hay un flujo de adrenalina, un aumento de las palpitaciones del corazón y un aumento en el nivel de las hormonas del estrés. Ese estrés se alivia después de un periodo corto de tiempo, o cuando un niño pequeño recibe el apoyo que necesita de los adultos que lo cuidan, la respuesta del estrés se calma y el cuerpo rápidamente regresa a su normalidad.

En situaciones severas, sin embargo, como cuando hay una continua negligencia o abuso, o cuando no hay un adulto que actúe como un amortiguador del estrés, la respuesta permanece activada. La activación constante de la respuesta al estrés sobrecarga los sistemas de los bebés en desarrollo con consecuencias serias que perduran durante el resto de la vida del niño. Esto es lo que se conoce como estrés tóxico.

El estrés tóxico debilita la arquitectura del cerebro en desarrollo, lo cual puede resultar en problemas de aprendizaje, conducta y salud física y/o mental. Sin contar con la presencia constante y sensible de un adulto que satisfaga las necesidades de un bebé, éste entra en un estado de alerta programada de forma permanente. Las conexiones neuronales son más débiles y en menor cantidad en las áreas del cerebro dedicadas al aprendizaje y al razonamiento. Los estudios muestran que la activación prolongada de las hormonas del estrés en la infancia temprana, puede naturalmente reducir las conexiones neuronales de estas importantes áreas del cerebro justo en el momento en el que deberían estar desarrollando nuevas conexiones.

El estrés tóxico puede ser evitado si nos aseguramos que los ambientes en los cuales los niños crecen y se desarrollan son estables, predecibles y con adultos sensibles a sus necesidades.

Los estudios dicen:

En el 2013, Johnson y sus colegas de la Academia Americana de Pediatría publicaron un estudio en el cual se concluye que los niños que experimentaron estrés tóxico en la infancia están a un más alto riesgo de contraer cáncer, enfermedades cardiovasculares, respiratorias y depresión en la adultez. El informe destaca que aprender a lidiar con la adversidad es parte importante del desarrollo de los niños sanos, sin embargo, cuando su organismo se ve constantemente amenazado por la falta de atención adulta, los efectos en el organismo son irreversibles.

Para ver videos subtitulados sobre la arquitectura cerebral, la necesidad de la interacción y el estrés tóxico, realizados por El Centro del Niño en Desarrollo de la Universidad de Harvard, puedes ir a mi blog **http://www.crianzayeducacionconsciente.blogspot.com** y buscarlos bajo el título *"La importancia de responder a las necesidades del bebé efectivamente"* en las publicaciones del mes de diciembre del 2014.

¿Qué necesitan los bebés?

Las necesidades de los bebés van desde las básicas como comer y dormir, hasta las emocionales como ser consolado o ser cargado en brazos. A continuación una lista de aquellas razones por las cuáles los bebés lloran o se quejan. Muchas de estas razones son conocidas por todos, otras, tal vez sean nuevas para usted.

- Hambre
- Sueño
- Fatiga
- Soledad
- Necesidad de ser cargado
- Necesidad de contacto piel a piel
- Irritabilidad o malestar
- Gases o cólicos
- Tiene mucho frío o mucho calor
- Percepción de que uno de los padres está estresado
- Estrés a causa de mucha estimulación
- Poca estimulación o poca interacción con los padres
- Ruidos fuertes que les asustan o les caen de sorpresa
- Sensibilidad a algo ingerido a través de la leche de la madre
- Dentición
- Algún dolor o problema médico no identificado como infección al oído, anemia o reflujo

A medida que usted vaya conociendo a su bebé, aprenderá a descifrar sus señales de comunicación y sus diferentes llantos. Hay llantos muy agudos que son, por lo general, señal de malestar físico o de la urgencia de ser atendidos. Hay otros llantos menos agudos que comunican una necesidad más de tipo emocional, como la de ser cargados. Incluso antes de que se desate el llanto, las madres y padres que permanecen en constante contacto físico con sus bebés, se sintonizan de tal manera que aprenden a interpretar sus diferentes sonidos y actúan inmediatamente para satisfacer sus necesidades.

El lenguaje secreto de los bebés

Priscilla Dunstan es una madre australiana que en 1998 con la ayuda de su familia, se embarcó en un gran descubrimiento. Ella es una madre con una capacidad única de distinguir los sonidos, en este caso los sonidos que emiten los bebés al llorar o antes de llorar. Con ayuda científica, su clasificación de sonidos fue estudiado por 8 años hasta que finalmente en el 2004, la Universidad de Brown en los Estados

Unidos la ayudó a elaborar un protocolo de investigación a realizarse en Australia, con el apoyo de la Universidad de Wollongong.

Lo que se encontró a través de esa investigación que contó con una muestra de alrededor de 400 bebés de diferentes orígenes étnicos, y de diferentes lenguajes es que, al parecer, los bebés tienen un lenguaje universal. Aunque el estudio de este lenguaje universal, llevado a cabo por la Universidad de Brown y el Leading Edge Research Center de Australia nunca se concretó, en el 2006 llegaron a las siguientes conclusiones:

- El 100% de las madres primerizas encontró este método muy valioso.
- El 90 % de las madres recomendarían este estudio de lenguaje infantil a otros padres de recién nacidos.
- El 70 % encontró que sus infantes aprenden mejor el lenguaje de sus padres, después de haber usado el sistema.
- El 70% de las madres se siente más segura de su crianza, más confiadas como madres, más relajadas y con menos estrés.
- El 50% informó que dormían mejor y se levantaban por los llantos mientras dormían.
- 2 de cada 3 padres informó de que tenían menos tensión o estrés con respecto a la crianza de su recién nacido, una cooperación más de los padres en el cuidado del bebé, y relaciones maritales más positivas.
- El 50% de las madres informó también que los lazos de madre-hijo eran más fuertes, así como que la alimentación del bebé era mejor.

El estudio concluyó que cuando los padres son eficaces al detectar las necesidades de sus bebés, éstos no solo lloraban menos, sino que además dormían mejor. La felicidad de los bebés además generaba mejor autoestima en los padres y confianza en su capacidad de cuidar de ellos.

De acuerdo con este estudio, los bebés se comunican con sus cuidadores a través de reflejos que se expresan en forma de sonidos. Estos sonidos son universales, es decir, todo bebé los usa independientemente de su etnia, lengua materna o lugar de nacimiento.

Dunstan identificó nueve sonidos que se presentan antes o durante el llanto de todo bebé. Estos sonidos comunican necesidades específicas:

Los siguientes tres sonidos se presentan desde el día de nacidos hasta las seis semanas:

Neh o né

Significa 'tengo hambre'. Se pronuncia "né" o "nej" donde la jota es casi imperceptible. El bebé usa el reflejo en forma de sonido [né] para expresar que tiene hambre o la necesidad instintiva de leche materna.

Ou o au

Significa 'tengo sueño'. Se pronuncia "ou" o "au", siendo el tono de la «u» un poco grave. El bebé usa este reflejo en forma de sonido [ou] para decirle a la madre que está cansado y que ya quiere dormirse. Este sonido es el predecesor del bostezo.

Ej o ehj

Significa 'necesito eructar'. Se pronuncia "ej", donde la jota suena suave. El infante usa este sonido "*eh*" para comunicar que quiere eructar. El sonido se produce cuando una gran burbuja de aire se queda en el esófago o el estómago del bebé y trata de salir por la boca.

Los siguientes dos sonidos se añaden al repertorio anterior a partir de las seis semanas:

Jé

Significa 'siento una incomodidad'. Se pronuncia "je" o "jej". El infante utiliza este reflejo en forma de sonido para comunicar su estrés, incomodidad, o la necesidad de que le cambien el pañal. Este sonido es producido como respuesta cuando el bebé siente que su piel es raspada, cuando se siente inconforme.

Ieirj o eairh

Significa 'tengo un gas interno'. Se pronuncia "ieirj" donde se enfatiza la última i, y la jota. El bebé usa el reflejo en forma de sonido "ieirj" para expresar que quiere sacar el gas interno o que su estómago está empachado.

Los siguientes cuatro sonidos aparecen a partir de los tres meses y se añaden al repertorio anterior:

Gen

Significa 'me molestan las encías por la dentición'. Este sonido viene a menudo acompañado por otras conductas pues cuando al bebé le molestan las encías usualmente trata de meter cosas a la boca. La intensidad de la palabra "gen" dictará la intensidad del dolor. En algunos casos, la palabra es solo murmurada. Para los bebés con malestar moderado, se puede escuchar esta palabra más claramente y para aquellos con mucho dolor, la palabra se dice como parte del llanto.

Lawil

Significa 'me siento solo' y suena algo así como un suspiro o un respiro. Este sonido reflejo está gobernado por el sistema endocrino del bebé el cual contiene las hormonas que nos hacen sentir diferentes emociones.

Naj

Significa 'tengo sed'. Se pronuncia con la [a] casi imperceptible y con la jota que suena muy suave. Este sonido se produce naturalmente cuando los bebés tienen la boca seca e intentan tragar como reflejo natural, excepto que al tragar, no tienen saliva para hacerlo y su lengua se encuentra hacia el paladar, y por lo tanto se produce ese sonido.

Agj

Significa 'estoy abrumado'. El sonido de la [a] es cerrado y casi imperceptible. Suena como cuando una persona tiene hiperventilación o le falta el aire. Cuando se presenta, el cuerpo del bebé está usualmente duro y firme, con las extremidades rígidas. Este sonido es producido cuando el bebé está sobre estimulado. Este sonido se presenta en un llanto muy agudo, casi como un grito. Este sonido se presentará de manera veloz y fuerte. Este sonido es un reacción de lucha, huida o parálisis o respuesta al estrés. Cuando este sonido se presenta, usualmente el bebé lo repite una y otra vez.

En esos nueve sonidos se resume el lenguaje secreto de los bebés, según Dunstan. Sin embargo, aun después de haber leído todas las descripciones anteriores no me sorprendería si usted está igual de confundida(o) como lo estuve yo al leer acerca de ellas en el libro de Dunstan. Las palabras fueron además descifradas en inglés, de manera que traducir los sonidos exactos al idioma español resulta difícil. Por eso le invito a que escuche ejemplos de estos sonidos en un video subtitulado que lo encontrará en mi blog: *http:// www. crianzayeducacionconsciente.blogspot.com*, bajo el nombre de "Descifrando el lenguaje secreto de los bebés" dentro de las publicaciones del mes de diciembre del 2014. De lo contrario, si usted entiende el inglés, basta con ir a YouTube y buscar usando las palabras "Dunstan baby language".

Señales físicas de los bebés

Además de este lenguaje universal descifrado por Dunstan, existen también otras señales de comunicación de todo bebé que ocurren antes de que se desate el llanto. Muchas veces no sabemos reconocer esas señales y pensamos que el bebé tiene que llorar para demostrar que necesita algo. Sin embargo, como ya se dijo antes, el llanto es una señal tardía y lo que comunica es el carácter urgente de una determinada necesidad. A continuación un listado de las señales que puede dar un bebé para sus necesidades más frecuentes:

Hambre

Si las madres fuéramos capaces de reconocer los signos tempranos de hambre, por ejemplo, las sesiones de lactancia se darían mucho más fácilmente. Por el contrario, mientras más dure el llanto, más tiempo nos toma calmar y reconfortar al bebé para poder satisfacer su hambre.

Señales tempranas de hambre:

- Se lame los labios y/o hace sonidos con la lengua.
- Abre y cierra la boca.
- Se succiona los labios
- Mueve sus piernas y brazos levemente
- Saca la lengua y comienza su reflejo de búsqueda girando su cabeza hacia los lados como buscando el pecho.

- Si alguien lo tiene en brazos, el bebé se intenta posicionar para una toma, ya sea recostándose o tirando de la ropa de la persona que lo lleva.

Señales intermedias de hambre:

- Mueve la cabeza de un lado a otro, como buscando el pezón.
- Da golpes en el pecho o en el brazo si va cargado
- Se queja y/o comienza a respirar rápidamente.
- Aumenta sus movimientos
- Estira sus extremidades
- Lleva sus dedos , manos u otros objetos a la boca

Señales tardías de hambre:

- El bebé mueve la cabeza frenéticamente de un lado a otro.
- Llanto

Fatiga o Sueño

Cuando tu bebé muestra señales de cansancio lo mejor es ayudarle inmediatamente a conciliar el sueño. Si los padres esperan a que esté muy cansado, será más difícil que lo haga. Los bebés y niños pequeños tardan unos 15 a 20 minutos en dormirse. Si vemos que este tiempo se alarga y que nuestro bebé sigue despierto, eso significa que probablemente no tiene sueño. Para dormir, los bebés necesitan algo que les ayude a cerrar sus mentes de la estimulación. Esto se consigue de mejor manera a través de un movimiento o sonido calmante y repetitivo. Muchos bebés se duermen al cabo de una sesión de lactancia debido a que la succión los arrulla. Esa es la manera más frecuente y efectiva. Otras técnicas efectivas son: mecerlos, cantarles canciones de cuna, envolverlos como tamalito, ponerles música de sonidos naturales como de agua o instrumentales o cualquier combinación de ellas. Su bebé le comunicará cuál de ellas prefiere.

Señales tempranas de fatiga:

- Disminución de actividad
- Tranquilidad, poco movimiento de sus extremidades
- Vista vidriosa

- Falta de interés en interactuar con las personas o en jugar

Señales intermedias de fatiga:

- Irritabilidad
- Bostezo
- Se restriega los ojos
- Deseo de succionar

Señales tardías de fatiga:

- Llanto
- Excesiva irritabilidad

Gases

Es normal que los bebés pasen gases alrededor de 25 veces al día. Sin embargo, si la flatulencia es crónica y el bebé parece estar en evidente malestar, podría indicar un problema digestivo. Un estómago hinchado es otra señal de los gases infantiles. La mayoría de los bebés tienden a tener estómagos redondos, pero si el estómago es duro al tacto y más hinchado de lo normal, probablemente, el bebé tenga gases.

Señales tempranas de que necesita eructar:

- Su velocidad de succión al lactar enlentece y ya no quiere seguir tomando
- Inmediatamente después de comer mueve sus extremidades (patalea, mueve los brazos o gira la cabeza)

Señales intermedias de que necesita eructar:

- Hace muchas muecas como si quisiera hablar
- Se queja haciendo sonidos guturales mientras patalea

Señal tardía:

- Llanto

Regulación emocional

Además de todas las necesidades físicas y fisiológicas de los bebés, están sus necesidades emocionales que deben ser satisfechas con efectividad. Los bebés necesitan de los adultos para controlar sus emociones. Dado que sus sistemas neurológicos son todavía muy inmaduros, no se puede esperar que ellos sean capaces de consolarse a sí mismos. Usted es el regulador emocional de su bebé hasta el día en que su cerebro haya desarrollado lo suficiente como para ser capaz de regular sus propias emociones. Ese será un proceso gradual que se dará durante los primeros años de vida.

Cuando su bebé se enfrente a situaciones que le causen estrés o miedo, su bebé necesita padres calmados, cariñosos y simpáticos que le hablen con mucha calma y le brinden seguridad. El cargar al bebé apretadamente o el darle un suave masaje, le ayudará a relajarse. El reflejo de succión también tiene efectos calmantes para el bebé por lo que en momentos de incertidumbre o estrés es normal que quieran lactar, no necesariamente por hambre, sino por necesidad de confort.

A medida que los niños aprenden a hablar, los padres pueden enseñarles las palabras de las diferentes emociones que sienten. Esto permitirá a los niños a tener más recursos para expresar sus emociones, lo cual ayudará a minimizar conductas no apropiadas que son usualmente una expresión de sus emociones desagradables. Las emociones desagradables como la ira, la frustración y la tristeza, son igual de válidas que las positivas, de manera que no debemos intentar ignorarlas o negarlas, sino darles el puesto que merecen. El nombrar a las emociones por lo que son es el primer paso para ayudar a los niños a tomar control de ellas. Recuerde que usted es su regulador emocional y ante una explosión o desajuste emocional, necesitarán de los adultos para gestionarlos.

TERCERA PARTE:

Otras consideraciones importantes

"Nadie puede ser libre a menos que sea independiente; por lo tanto, las primeras manifestaciones activas de libertad individual del niño deben ser guiadas de tal manera que a través de esa actividad el niño pueda estar en condiciones para llegar a la independencia".

~María Montessori

Capítulo VIII.
La disciplina

"Quizás la razón por la que los adolescentes se aíslan cuando se sienten abrumados en vez de venir a nosotros para ayudarles con sus problemas es porque cuando son niños los aislamos cuando se sienten abrumados en vez de ayudarles con sus problemas". -L.R. Knost-

El conductismo: un mal legado

Desde inicios de los años 1800 hasta aproximadamente los años 1960, los psicólogos a nivel mundial han recalcado la importancia de las reglas y los límites en los niños para su buen desarrollo psicológico y social. Pero recién fue en los años sesentas cuando la tecnología permitió a los científicos estudiar más a fondo las conductas animales para a partir de éstas, guiar y estudiar la conducta humana. Antes de que fuera posible estudiar la conducta más objetiva y empíricamente, la psicología estuvo dominada por la corriente conductista, y a través de ésta, se ha construido un lamentable y erróneo marco filosófico en nuestra sociedad en lo que respecta al manejo de la disciplina de niños. Este marco conductista prevalece hoy en día no solo en los hogares de las culturas occidentales, sino también en las escuelas.

Watson, uno de los psicólogos estadounidenses más importantes del siglo XX, y reconocido como el padre del conductismo, publicó lo siguiente en la década de los veintes advirtiendo a los padres sobre las relaciones cálidas y cariñosas con sus hijos:

"No lo abrace, no lo bese...Si tiene que hacerlo béselo una vez en la frente al darle las buenas noches. Dele la mano por las mañanas...no olvide que el amor de madre es un peligroso instrumento que puede infligir una herida que nunca se curara y que hará de su infancia una infancia infeliz, de su adolescencia una pesadilla, un instrumento que puede arruinar el futuro vocacional de los hijos además de sus chances de una felicidad marital"

Esta es la filosofía que ha reinado en nuestra sociedad por más de un siglo. Watson creía ciegamente que a través de técnicas de modificación de la conducta cualquier persona podía convertirse en un modelo deseado.

> *"Dame una docena de niños sanos, bien formados, para que los eduque, y yo me comprometo a elegir uno de ellos al azar y adiestrarlo para que se convierta en un especialista de cualquier tipo que yo pueda escoger —médico, abogado, artista, hombre de negocios e incluso mendigo o ladrón— prescindiendo de su talento, inclinaciones, tendencias, aptitudes, vocaciones y raza de sus antepasados".*

Aunque suene descabellado, así es como empezó nuestra insistencia en las reglas, los límites y los castigos. Si Watson pudiera ver toda la información existente hoy por hoy, seguro se arrepentiría de todos sus argumentos. Tal vez un cambio de paradigma y de actitud como padre hubiera podido salvar a su propio hijo William de suicidarse a la edad de cuarenta años y a su hija de intentar también quitarse la vida varias veces. Watson era un fiel proponente del estilo autoritario de crianza. Su influencia hoy en día continúa siendo nuestra sombra pues Watson dejó un legado de aprendices en que han hecho mucho daño a las culturas occidentales. Uno de sus aprendices fue el famoso Ferber, quien propuso el método de dejar llorar a los bebés para entrenarlos a dormir, un método lastimosamente todavía muy prevalente en pleno siglo XXI.

El castigo corporal

Vimos en la primera parte de este libro que los seres humanos tenemos la tendencia a repetir los ciclos negativos de crianza de nuestros padres y antepasados y que la única manera de romperlas es haciendo un esfuerzo consciente. Vimos además que el patrón de conductas que mostrará un niño dependerá en gran parte de sus experiencias en casa. Si un niño ve que sus padres critican a cualquier persona por algún defecto, aprenderá que lo correcto es criticar a los demás; si ve que sus padres ayudan a la vecina a llevar la compra, aprenderá que lo correcto es ayudar al que lo necesita; si ve que sus padres se hablan a gritos e insultos, aprenderá que lo correcto es ese estilo de comunicación, y así sucesivamente. Pues bien, aquellos niños que fueron criados con castigos corporales tendrán un gran trabajo de reflexión por delante para "desaprender" aquella agresión que aprendieron de sus padres por muchos años.

El romper con un ciclo negativo de crianza no es una opción de aquellos padres que fueron agredidos de niños, sino un deber. Pues al no romper con los ciclos negativos de crianza estarían permitiendo que sus niños corran peligro justamente en el lugar donde deberían estar más seguros: en sus hogares. De hecho, las estadísticas nos dicen que es más probable que los niños sean agredidos físicamente o sometidos a prácticas tradicionales perjudiciales o a la violencia mental por miembros de su propia familia que por extraños. De acuerdo a la UNICEF, el golpear a un niño en el seno familiar como método de disciplina, incluso con palos o cinturones, es aún una práctica usual que está permitida por la ley en casi todos los países del mundo. Aunque se están realizando numerosas reformas en países de todos los continentes, solo pocos países han prohibido cualquier forma de castigo infantil violento o humillante (Suecia, Finlandia, Dinamarca, Noruega, Austria y Chipre). Más recientemente, Argentina, Uruguay, Venezuela y Costa Rica también han adecuado sus legislaciones a la normativa internacional que vela por los derechos de los niños.

El problema de la violencia intrafamiliar, sin embargo, va más allá de las leyes pues es primordialmente el resultado de una crianza poco consciente que lleva a que los patrones de agresión se repitan y los modelos de crianza se hereden de generación en generación. Mientras las nuevas generaciones sigan justificando la agresión física que recibieron de sus padres con la famosa frase: "a mí me pegaban, y nada me pasó" o "mis papás me pegaban y a pesar de eso salí bien", entonces erradicar la agresión en nuestras sociedades será una misión imposible. Ni siquiera las leyes tendrán el poder de eliminar un problema social que hemos venido heredando por siglos. La única manera de eliminarlo es empezando por uno mismo. Reconociendo y conciliando las heridas del pasado y practicando una crianza consciente. Criar conscientemente implica mucha reflexión. Solo a través de la reflexión podremos llegar a un estado mental tal que nos permita abrirnos a otras posibilidades de crianza y que nos haga sentir lo suficientemente vulnerables como para buscar ayuda e información. Pero sobre todo, la reflexión nos hace mejores padres y nos ayuda a tomar las decisiones correctas por el bien de nuestros hijos. Criar conscientemente se trata de reciclar lo bueno y de despojarse de lo malo sin necesariamente reprochar a sus padres por aquello que "hicieron mal". No es su responsabilidad el validar o invalidar la manera de criar de otras personas, incluso de sus padres.

Los últimos treinta años de estudios nos dan muy claros resultados de las consecuencias del uso de la agresión como método de disciplina. Los niños que fueron pegados son menos emocionalmente sanos que lo niños que no fueron pegados. Y no solo eso, los niños que son pegados se comportan peor con el pasar del tiempo y están en riesgo de involucrarse en actos de delincuencia, uso de drogas o sustancias químicas, problemas de conducta, poca adaptación y dificultades académicas (como calificaciones bajas, suspensión, expulsión y abandono de la escuela).

Nada bueno resulta del castigo corporal. Los estudios continúan demostrando que está asociado con tasas más altas de agresión, delincuencia, problemas de salud mental y problemas en las relaciones con sus padres. Los estudios también han demostrado repetidamente que mientras más se les pega a los niños, más propensos son a pegar a otros incluyendo a sus hermanos y compañeros. Como adultos, son más propensos a pegar a sus esposas y a sus hijos. Pero tal vez lo más importante de recordar es que mientras más se los pega a los niños para evitar los malos comportamientos, éstos aumentan más. El castigo físico en realidad incrementa aquello que estamos tratando de evitar a través de su aplicación, lo cual resulta irónico.

Los estudios dicen:
Un estudio hecho por Elizabeth Gershoff en el 2013, confirma que los niños que fueron pegados de pequeños tienen más tendencia a la depresión, ansiedad, uso de drogas y agresión a medida que van creciendo. Los niños que sufrieron castigos corporales más severos, además, tienen cerebros con menos materia gris en sus lóbulos frontales y tienen amígdalas cerebrales que están en estado más híper-vigilante.

Los riesgos de los métodos conductistas

Con algunas excepciones, las culturas más antiguas y tradicionales de crianza, sin contar con "expertos", parecían hacer un mejor trabajo en criar a sus hijos que las generaciones actuales. La incorporación del castigo físico como técnica de disciplina, de hecho, es un fenómeno relativamente reciente considerando los 6 o 7 millones de años que la humanidad ha existido en este planeta. La psicología conductista de los años veinte y treinta influyó mucho a las culturas de occidente. Antes de Watson, Pavlov y Skinner, la crianza estaba guiada por el instinto. No se escribían libros con temas de disciplina.

Para quienes tienen un conocimiento básico de psicología, sabrán que si bien Watson es considerado el padre del conductismo, la teoría del conductismo se afianzó con Skinner, quien descubrió que los castigos y los premios afectan el comportamiento tanto de los animales como de los seres humanos. En términos generales, Skinner describió con una precisión matemática como los premios incrementan la frecuencia de los comportamientos mientras que los castigos reducen la frecuencia de los comportamientos. Él se aseguró la validez de su teoría controlando cada aspecto de sus sujetos de estudio que por lo general eran ratas, palomas y otros animales.

Un rumor repetido muy a menudo postula que Skinner se aventuró en la experimentación humana poniendo a su hija Deborah como sujeto de uno de sus experimentos, lo cual la llevó a enfermedad mental permanente y un resentimiento amargo hacia su padre. Algunos autores rumoran que Skinner diseñó una cuna especial para su hija, la cual era calentada, enfriada, tenía aire filtrado, permitía tener mucho espacio para caminar y era muy similar a una versión en miniatura de una casa moderna. Según dicen aquellos que escriben sobre Skinner, aquella cuna fue diseñada para desarrollar la confianza del bebé, su comodidad, hacer que llorase menos, se enfermase menos, etc.

Tal vez una de las mejores demostraciones del poder de la teoría conductista de Skinner en la vida real puede encontrarse en programas de televisión tales como "The Dog Whisperer" o "La Súper Nanny (o superniñera) Británica". Ambos son programas populares que usan la teoría de Skinner para cambiar la conducta de los sujetos (en el primer caso se lo hace con perros, en el segundo se lo hace con niños). Lo que tienen en común tanto los experimentos de Skinner como los ídolos de estos programas de televisión es que tienen total control sobre sus sujetos y el ambiente alrededor de ellos. Tanto el control de los tiempos, las secuencias como de los procesos de estas intervenciones son importantes. Si se saltan un paso en el proceso, todo se echa a perder.

El conductismo asume que el entrenador debe prescribir la conducta deseada y debe aplicar castigos o premios para moldear la conducta del sujeto hasta que se establezca un patrón consistente de conducta. En los seres humanos, lo que se pierde con estas técnicas es la creatividad, la iniciativa, y cualquier intento de defensa que el sujeto entrenado tenga.

Por más popular que estas técnicas sean tanto en la televisión como en las escuelas tradicionales, conllevan ciertos riesgos que hay que considerar si lo que se quiere es criar niños reflexivos y pensantes, no simples robots de un sistema.

El riesgo más grande es que cuando los niños son pequeños, resulta más fácil controlar el ambiente y aplicar castigos o premios. Con el paso del tiempo, sin embargo, los niños acostumbrados a un sistema de premios y castigos se vuelven naturalmente más difíciles de controlar y se vuelven resentidos del uso de castigos. Muchos de ellos se vuelven furtivos y sigilosos para evitar los castigos. Han aprendido que mientras los padres no vean sus conductas negativas, nada malo les pasará. Por lo tanto, se vuelven expertos en esconder y en mentir.

Cierto es que de vez en cuando todo padre recurre a una estrategia conductista para controlar una situación. No se trata de descartarla del todo sino de usarla en casos que ameriten sin que se vuelva un hábito. De vez en cuando será necesario usar frases del tipo: "o....o", por ejemplo, "o levantas tus juguetes o no salimos". Estas frases son conductistas por naturaleza, pues modifican la conducta en base a una amenaza. Hay también las frases del tipo: "si...entonces" que involucran un premio o incentivo. "Si me ayudas a limpiar, te ayudo a armar tu juego". El riesgo que se corre con este tipo de frases "si...entonces" es que con el tiempo se convierten en negociaciones. Muy pronto serán ellos quienes te propongan: "¿si te ayudo por media hora, entonces me darás medio chocolate?". La idea no es que hagan las cosas por el incentivo o por miedo a que se cumpla con la amenaza. La idea es que lo hagan por convicción de que eso es lo que se debe hacer. Aunque acudamos a estas frases que nos sacan de apuros de vez en cuando, no hay mejor aprendizaje que el ejemplo, la paciencia y las palabras de guía.

Métodos conductistas populares

Cada vez es más frecuente utilizar la sillita de pensar o el "time-out" (o "tiempo fuera") como técnicas educativas en la que se pretende enseñar al niño la buena conducta, tras haber tenido un mal comportamiento. Estas técnicas además promocionadas en populares programas de televisión son de carácter conductista pues buscan modificar la conducta del niño en base a castigos.

La técnica de la sillita de pensar funciona así: cuando el niño se porta mal, hace algo incorrecto o inadecuado, los padres lo envían a la silla de pensar (que además tiene un espacio específico en la casa) con el supuesto objetivo de que entienda que ha actuado mal y que debe mejorar su comportamiento. Durante ese tiempo, el niño debe pensar sobre su acto y arrepentirse. Cuando el adulto lo pone en la silla de pensar, le recuerda claramente los motivos por los que fue enviado a "pensar". Otra forma parecida a la sillita de pensar es el famoso "time-out" o "tiempo fuera" en el que se le manda al niño castigado a algún rincón de la casa. La diferencia entre éste y la sillita es que no se lo manda a "pensar" sino que se lo manda a "estar" solo, aburrido y triste. Usualmente el lugar para el "time-out" es la habitación del niño donde éste no puede jugar, ver tele, invitar amigos o hacer nada. Simplemente tiene que esperar inmovilizado a que pase el tiempo dictaminado en la sentencia. La intención de los padres al aplicar estas técnicas es que sus hijos aprendan a obedecer a la primera, o a la segunda, pues a la tercera, por lo general, ya es muy tarde.

Otra técnica a menudo utilizada junto con el "time-out" es la técnica mágica del 1, 2, 3. Así es como se la promociona, como magia. Este es un programa de modificación de la conducta desarrollado por Thomas Phelan, un psicólogo clínico en Illinois, quien escribió un libro e hizo un video titulado ¡1 -2 - 3 Magic! Así es como funciona: cuando el niño hace algo que disgusta a uno de los padres, éste dice "va una", si lo sigue haciendo, le dice "va dos" y a la tercera se dice "esta ya es tres". En ese momento el niño entiende que es momento del castigo o del "time-out" y debe irse a su cuarto a pagar aquella condena por un determinado número de minutos dependiendo de la edad.

¿Cree usted que un niño de dos o cuatro años realmente tiene la capacidad de pensar y reflexionar sobre lo que ha hecho mal? ¿Cree que puede aprender cuál fue su error a través de la aislación y/o el aburrimiento? El niño pequeño carece de la madurez mental necesaria como para pensar por él mismo sobre si lo que hizo estuvo correcto o no. Además, carece de recursos para expresar cómo podría haber expresado sus emociones desagradables de otra manera. Conjuntamente con ser obligado a pensar en aquello que no es mentalmente posible, se les hace también sentirse apartados, heridos, y sobre todo, no queridos.

Para que un niño pueda conocer y saber qué actitud o comportamiento estuvo mal nos necesita a los adultos para que lo vayamos guiando con nuestras reflexiones y preguntas. Así aprenderá que las consecuencias de sus actos caerán por su propio peso. El ser mandados a un lugar de la casa a cumplir una condena, nada les enseña sobre su mala conducta. Por el contrario, a través de la reflexión y la conversación podemos comunicarle qué es lo que esperamos de ellos, qué cosas son aceptables y porqué ciertos comportamientos son dañinos, peligrosos o inapropiados.

Lo único que logran las estrategias como "la sillita de pensar", el "time-out" y el "mágico 1, 2, 3", es que el niño entienda que se le va a castigar y a aislar por cosas como cometer un error, tener un problema o no saber manejar sus emociones. Sería mejor establecer una relación en la que los niños sepan que sus acciones tendrán consecuencias, pero que pueden confiar en los adultos para guiarlos, acompañarlos y ayudarles a resolver las cosas que no pueden resolver solos. La disciplina respetuosa genera confianza y cercanía, la disciplina autoritaria genera miedo y aislamiento.

Castigos versus consecuencias naturales

Muy a menudo se usa la palabra consecuencia como sinónimo de castigo, pero en realidad están lejos de ser lo mismo. Todo niño debería aprender las consecuencias de sus actos, eso es cierto. Sin embargo, a diferencia de una consecuencia impuesta (en este caso si es sinónimo de penalidad o castigo), las consecuencias lógicas caen por su propio peso y enseñan al niño lo que ocurre naturalmente como efecto directo de sus actos. Los castigos, por lo general, no se relacionan directamente al comportamiento pues son impuestos de una misma manera sin importar que sea. Por ejemplo, el dejar a un niño sin su postre a la hora de comer, sería una consecuencia natural solo si el niño botó su plato de postre al piso y lo echó a perder o si gritó y pataleó exclamando que quiere más postre sin ni siquiera haber iniciado a comer aquello que se le dio. Por el contrario, el no permitirle comer su postre porque no guardó sus juguetes antes de comer es un castigo, pues no se relaciona directamente a la conducta.

La sillita de pensar y los "time-outs" son castigos, pues no se relacionan directamente con el comportamiento no deseado. Ir a la silla a pensar porque Pepito no quiso ponerse su suéter para salir afuera no tiene nada que ver, por ejemplo, con la consecuencia lógica y natural de experimentar el frio y por lo tanto, aguantárselo. En ese caso, el frio será una consecuencia natural del acto de no haber querido ponerse su suéter para salir. Si los padres de Pepito llevan su suéter para proporcionárselo al primer exclamo de frío, Pepito no aprenderá la consecuencia lógica de su acto. Los padres pueden usar las consecuencias naturales para enseñar a sus hijos que lo uno se origina de lo otro. Eso no significa que va a tener que aguantarse le frío por horas ni que lo vayamos a dejar solo al demostrar sus sentimientos de ira, frustración o arrepentimiento. No se trata de decir "allá tú con tu problema", sino se trata de hacerles sentir que la consecuencia la provocaron ellos mismos. Frases como "¡qué pena lo que te pasó!" o "¡ya sabes que debes hacer para la próxima!" ayudan a hacerles sentir que estamos ahí si nos necesitan para aliviar sus emociones desagradables, pero al mismo tiempo la situación no nos pertenece, ni es nuestra para arreglar. Una vez que demuestren comprensión de aquello que han provocado con sus actos, los padres pueden entonces ser compasivos y aliviar sus malestares provocados por las consecuencias que enfrentan.

Al dejar que las consecuencias naturales caigan por su propio peso estamos renunciando al control sobre una situación para permitir que nuestros hijos vayan tomando responsabilidad de sus propios actos. Una vez que Pepito haya reconocido la conexión entre el acto (no querer ponerse su suéter) y el efecto (experimentar frío) entonces es momento de discutir, reflexionar, validar, contener y ayudar a solucionar. Si sigue con frío, podrá entonces darle su suéter que además sabemos que secretamente usted lo llevó consigo.

De la misma manera, si Pepito tiene una hermanita de apenas 9 meses que recién empezó a caminar y le encanta agarrar todo lo que encuentra en su camino, Pepito debe entender que la consecuencia natural de dejar sus juguetes a la vista de su hermana, será que ella los va a agarrar. Pepito no podrá quejarse y tendrá que compartir con ella, esa es la consecuencia lógica de no guardar sus juguetes. "Guerra avisada no mata soldado". En este sentido una frase del tipo "o...o" viene muy bien y está lejos de ser una amenaza pues lo uno (dejar los juguetes a la vista) si se relaciona directamente con lo otro (compartirlos con su hermana así no quiera). En vez de entrar en peleas y castigar a Pepito por no querer compartir, una advertencia lógica de este tipo puede prevenir futuras batallas o negociaciones.

Existen muchos ejemplos en los cuales podemos aplicar este sencillo método de las consecuencias naturales. Si no le gustó la de Pepito, le ofrezco el ejemplo de Menganita que a su año y medio decide morder el pezón de su mamá durante una sesión de lactancia. Su mamá no se quedó ahí sin hacer nada esperando a que Menganita lo haga de nuevo. La consecuencia lógica de ese mordisco es que Menganita se quede sin el pecho de su mamá. Por más que no le haya gustado, Menganita tuvo que afrontar la consecuencia de su acto, pero no lo hizo sola. Por más que la mamá haya sido la agredida, Menganita necesitó de ella para procesar lo que sucedió. Después de decirle lo mucho que le dolió el mordisco, su madre la consoló pues Menganita estaba triste al darse cuenta que su mamá ya no quería darle más pecho. ¡Vaya alimentación a libre demanda!, pensó Menganita. Después de unos minutos, sin embargo, ella se calmó, aprendió que la consecuencia de morder es no tener más pecho.

Ejemplos de este tipo hay muchos, y algunos involucran dejar que los niños sientan algo de frustración, hambre, frío, calor e incluso algo de dolor. Tampoco vamos a dejar que jueguen con un cuchillo para que aprendan que eso nos corta y nos duele. No. Por favor no me malentienda. Se trata de usar nuestro sentido común y permitir que ellos aprendan que el mundo en el que viven tiene un orden dado y hay ciertas normas que debemos seguir si no queremos salir lastimados. Tenga por seguro que después de que Pepito o Menganita experimenten por ellos mismo las consecuencias naturales de sus actos, la probabilidad de que vuelvan a hacer lo mismo será mucho menor. Deje que sus hijos sientan hambre si rehúsan a comer lo que se les da, permita que ellos sientan frustración si se les ocurre jugar con algo que todavía no pueden manipular y que sientan el dolor que causa el pisar la arena caliente si se rehusaron a ponerse sandalias en la playa. Los padres, por lo general, imponemos reglas por el bien de nuestros hijos, pero ellos no siempre entenderán el porqué de sus reglas hasta que tengan la madurez de entenderlas o hasta que experimenten las consecuencias de no seguirlas.

La disciplina como sustantivo, no como verbo

Todos los padres queremos que los niños se comporten bien. Sobre eso no existen debates. Los padres también quisiéramos que nuestros niños sean responsables y cuidadosos. Lo interesante es que tanto el buen comportamiento como la responsabilidad, a menudo van a la par de la seguridad y la felicidad. Aquellos niños que respetan a los adultos y cooperan en sus salones de clase, usualmente, son también niños felices y seguros de sí mismos. Son niños que se recuperan rápido de las frustraciones y que se llevan bien con sus compañeros. Como resultado, los padres de estos niños se sienten orgullosos y felices de ver el fruto de su trabajo.

El tema de la disciplina ha sido muy discutido. Mucha gente cree que los niños se portan mal porque "se les deja" o porque los padres tenemos miedo de insistir en que sean obedientes y que respeten. Las personas que critican a un estilo de crianza sensible y respetuosa dicen temer que aquellos hogares se conviertan en pequeñas democracias donde los niños decidan que se hace y donde los padres tengan miedo de pronunciar la palabra "no". Esta es la visión también de los padres que se adhieren a un estilo de crianza basado en el castigo y en la imposición de reglas que se establecen sin la participación intelectual de los hijos. En esos hogares llenos de amenazas, frases negativas y castigos frecuentes, los padres actúan desde un enfoque netamente autoritario. Las cosas se hacen porque "yo digo" y "¡pobre de aquel que no obedezca!".

Lo interesante de aquellas familias estancadas en estos patrones de interacciones negativas, sin embargo, es que a medida que pasa el tiempo, los niños incrementan sus comportamientos desafiantes que por lo general, se originan de sus sentimientos de resentimiento hacia sus padres. Eventualmente, los padres se dan cuenta que han agotado todos los recursos que tenían para castigar, y que las amenazas dejan de tener un efecto en el comportamiento. Terminan por prohibir a sus hijos de todos sus privilegios (televisión, postre, dulces, juguetes, video juegos) y los niños en vez de mejorar, empeoran su comportamiento y se vuelven aún más irrespetuosos y groseros.

Una disciplina basada en el castigo y en la imposición de reglas no es la mejor manera de fomentar buenos comportamientos en los niños. Sin duda todos los padres vamos a tener que decir "no" frecuentemente. Y seguro habrá veces en las que nos toque contar hasta tres y en la ira del momento nos sacamos de la manga una amenaza para lograr que nuestros hijos hagan lo que se les pide. Sin embargo, producir niños que se porten bien es mucho más que decir "no", mucho más que contar hasta tres y mucho más que un "time-out". Los buenos comportamientos son el reflejo de la identidad moral de una persona. Si los niños se sienten a sí mismos como personas buenas, aceptadas y cooperadoras, entonces sus comportamientos reflejarán ese sentimiento. Los niños se comportan bien cuando se sienten bien , cuando son capaces de regular sus emociones, cuando valoran la empatía y la amabilidad y cuando entienden que la razón real para cooperar con los adultos no es "porque se hace lo que ellos dicen" sino por consideración de las necesidades y los sentimientos de otros.

Un enfoque autoritario parte de la premisa de que los niños se comportan bien cuando saben qué se espera de ellos y cuando entienden cuáles son las consecuencias de sus actos. Las investigaciones científicas, sin embargo, nos dicen que una disciplina autoritaria funciona muy al revés de lo que se espera. Los niños criados con mucho autoritarismo albergan resentimientos o se sienten desalentados ante la imposición de tantas reglas. Esto hace que no se comporten bien y que eventualmente no les importe cuáles sean las consecuencias de sus actos. Los castigos, entonces, pierden su efecto en la modificación de su conducta. Este enfoque autoritario, lastimosamente, es también muy común en las escuelas. Erróneamente se asume que solo en base a advertencias, amenazas y castigos, los maestros pueden lograr un ambiente tranquilo que permita dar paso al aprendizaje.

Al otro lado del autoritarismo está un enfoque de disciplina preventivo, reflexivo y no punitivo. Este es el enfoque al que se adhiere la crianza con apego. En este enfoque los padres intentamos prevenir los malos comportamientos a través de un sinnúmero de maneras. Los padres interactuamos y jugamos con nuestros hijos, reconocemos sus necesidades y las satisfacemos, reparamos momentos de ira, tristeza o de criticismo, les decimos constantemente que estamos orgullosos de ellos, destacamos las buenas obras que hacen por otros y los involucramos intelectualmente tanto en la creación de reglas y de rutinas, como en la solución de problemas. Todo este trabajo preventivo prepara el campo para el establecimiento de límites y de una auto-disciplina.

Establecer límites significa poderles comunicar cuando aquello que ellos piden o aquello que ellos hacen se ha pasado de la raya. La raya debe ser una raya clara. Puede llamarla raya, límite, cumbre, tope o como quiera. Lo importante es que ellos sepan que no se permiten comportamientos que ponen en peligro o hieren a sí mismos o a otros, ya sea física o emocionalmente. Otros límites son impuestos por la sociedad y las normas de convivencia y es responsabilidad de todo padre o madre el enseñar a sus hijos cuáles son éstas conforme vayan creciendo y sean capaces de entenderlas.

Para que nuestros hijos sigan las reglas a veces será necesario contar con un sistema de recompensas y privilegios como retribución a su cooperación y buenos comportamientos. Sin embargo, el basar su comportamiento solo en la obtención de premios no es una buena meta. La meta es ayudar a los niños a desarrollar una auto-disciplina, es decir, un sistema interno que les permita tomar buenas decisiones basadas en la reflexión y guiadas por una identidad moral. No una disciplina impuesta externamente y basada en el miedo a ser castigados o en la obtención de objetos materiales. La palabra *disciplina* en este enfoque es un sustantivo antes de ser verbo. Disciplina como sustantivo se adquiere y se forma desde adentro. El verbo disciplinar, por el contrario, asume reprimenda, remediación o corrección de un problema ya manifestado.

Es importante recordar, sin embargo, que todos los niños son diferentes y no existe una receta que sea efectiva con todos. Los niños más impulsivos y más tercos requerirán más firmeza, más paciencia, más elogios y más oportunidades de practicar la auto-regulación. También es importante recordar que el trabajo preventivo que conscientemente realizamos los padres que practicamos una crianza sensible y con apego, no significa de ninguna manera que nuestros hijos van a ser siempre niños intachables. Independientemente de qué estilo de crianza se practique, todos los niños van a tener sus rabietas, sus berrinches y otros malos comportamientos derivados de la frustración, del cansancio y del paquete biológico de emociones que la naturaleza les heredó. No podemos evitar los malos comportamientos, pero lo que sí podemos hacer es intentar que éstos sean menos frecuentes, y procurar tener un plan de contingencia para actuar efectivamente y con respeto cuando sucedan.

El trabajo preventivo

El trabajo preventivo es la parte más fácil. Se trata de anticipar, de ser consistente, de escuchar, de comprender, de permitir la expresión de emociones y de reparar los momentos de confusión o de ira. Aquí algunos ejemplos y consejos:

1. Juegue con sus hijos y use el juego como oportunidad de aprendizaje. El juego es la mejor manera de enseñar a los niños lo que significa la cooperación y el autocontrol. A través del juego interactivo los niños aprenden que existen reglas y límites y que éstas son necesarias para todos poder disfrutar.

2. Involúcrelos en la resolución de problemas. En vez de imponer, hágalos partícipes de la solución. Presente el problema en un momento de calma y con palabras que sus hijos puedan entender. Desarrollen juntos un plan. Los niños son más propensos a seguir las reglas cuando ellos fueron parte de su creación.

3. Enséneles el lenguaje de las emociones. Los niños se comportan bien cuando han aprendido a regular sus ansiedades, frustraciones y decepciones de la vida diaria. A través de un diálogo lleno de palabras que describan emociones, los niños llegan a aprender que las decepciones son solo eso, decepciones y no

catástrofes. Ayúdeles a reconocer cuándo una situación es frustrante y utilice las palabras adecuadas para describir los sentimientos que esa situación genera. Hábleles de sus propias frustraciones y de lo que hizo para lidiar con ellas.

4. Enséñeles a esperar. A medida que van creciendo los niños, sus periodos de espera y de tolerancia también se incrementan.

5. Ofrezca palabras de ánimo, no críticas. Las etiquetas y las críticas generan resentimientos y comportamientos desafiantes y además quebrantan su sentido de responsabilidad e iniciativa. Si estamos frecuentemente bravos con ellos y somos críticos de todo lo que hacen nuestros hijos, ellos no se portarán bien. Es como una profecía que se cumple porque nosotros mismos la hemos creado.

6. No empiece sus frases con negativas. Si usted pregunta con un "no" por delante ("¿No quieres ir a la casa?") o cuando usa amenazas que incluyen un "no" para conseguir el comportamiento deseado ("Si no vienes, no te doy helado"), las probabilidades de que le respondan negativamente o con un "no" se incrementan. En vez de eso, empiece sus frases con "tan pronto" o "apenas" ("Apenas bajes del columpio nos vamos a la casa" o "En cuanto limpies tus juguetes, te llevo al parque").

7. Llegue a acuerdos que satisfagan a todos. El llegar a acuerdos no es negociar, es reconocer que todos tienen deseos y necesidades. Un acuerdo es el punto medio entre dos opciones extremas donde tanto el niño como el padre aprenden a ceder.

8. Enséñeles la importancia de los sentimientos de otras personas. El respeto a las necesidades y sentimientos de otros es la base del comportamiento moral.

9. Cáchelos con "las manos en la masa" pero haciendo algo bueno y dígales lo orgulloso que se siente de aquel buen comportamiento que observó.

10. Escúchelos. Cuando los niños sienten que sus preocupaciones han sido escuchadas y entendidas, harán menos demandas. Escuche su versión de la historia ante un problema y dígales

qué parte de lo que dijeron o hicieron está bien antes de resaltar lo que estuvo mal.

Los 5 elementos de una crianza sin castigos

Al igual que en la educación formal, en el área de la crianza los científicos también han podido identificar cuáles elementos resultan en niños mejores comportados. Sin embargo, aún después de las investigaciones, no existe una fórmula perfecta de crianza que resulte en niños cien por ciento educados, amables, inteligentes, felices, obedientes, sutiles, dulces, generosos y muchas otras cualidades más. De haber tal receta todos estuviéramos siguiéndola al pie de la letra ¿no le parece? Cada padre y madre es diferente y cada bebé viene a este mundo con su propia personalidad. Incluso dentro de una misma familia y criados de la misma manera, los hermanos pueden resultar siendo muy diferentes.

Los estudios dicen:

Según un estudio por Denham y sus colegas, los padres que ayudan a sus hijos a manejar sus emociones negativas o desagradables, resolviendo problemas con un enfoque comprensivo y empático, tienen hijos que son más amigables y empáticos. Los padres que tienden a minimizar o ignorar las emociones desagradables, tienen hijos menos competentes socialmente.

Otro estudio por Krevan y Gibbs encontró que los padres que usan una disciplina inductiva (que enfatiza las razones de las reglas y las consecuencias lógicas del mal comportamiento) tienen hijos que se muestran más preocupados por otra gente y tienen más remordimiento al cometer malos actos.

Así pues, los elementos de disciplina más efectivos para criar niños mejores comportados parecen estar presentes en los estilos de crianza más sensibles y respetuosos, donde los padres no usan castigos para disciplinar sino que intentan prevenir los malos comportamientos. A pesar de todo ese trabajo preventivo y proactivo, sin embargo, es inevitable que los malos comportamientos de vez en cuando se den. Los malos comportamientos se presentarán en distintos contextos, con varios grados de intensidad y con diferentes protagonistas. Por esa razón, resulta imposible crear listas infinitas de estrategias respetuosas que nos ayuden a gestionar cada uno de los diferentes malos comportamientos que se puedan dar. No existe ningún psicólogo, pediatra o educador, hasta la fecha, que haya escrito alguna guía completa de estrategias para afrontar cada mal comportamiento posible. De existir tal guía, seguramente sería muy similar a un diccionario. Vaya a la sección de la B, busque *botar*, después encuentre la C de *comida* y ahí encontrará estrategias para los niños que botan su comida al piso. Pero si lo que quiere es ver qué hacer cuando un niño le levanta la mano, vaya a la sección de la L, etc. etc. etc. ¡Sería totalmente ridículo y poco práctico! La buena noticia, sin embargo, es que sí es posible tener en mente aquellos pocos elementos que le permitirán gestionar todos los malos comportamientos de una manera efectiva, respetuosa y sensible. Use estos elementos consistentemente y verá como sus hijos desarrollarán un sistema interno que les permita tomar buenas decisiones basadas en la reflexión y guiadas por su identidad moral, sin necesidad de castigos y amenazas.

Los 5 elementos para una crianza sin castigos son:

Empatía. La mayoría de los malos comportamientos son síntomas de una emoción que necesita ser expresada. Los niños levantan la mano a sus padres porque están resentidos con ellos, porque no se les dejó hacer algo y eso les causa frustración. Botan la comida al piso porque no quieren comerla, no les gusta o no les interesa. Pegan a sus hermanitos menores porque están celosos. Siempre hay un sentimiento o emoción de por medio y los comportamientos que ellos eligen son simplemente su manera de expresarlos. Si los padres pudiéramos ponernos en sus zapatos y comprender cada comportamiento desde su origen, entonces tendremos la clave para actuar efectivamente. Si añadimos a esto expectativas realistas, entonces empezaremos a disfrutarlos más y a juzgarlos menos.

Ejemplo. No hay nada más poderoso que el ejemplo. Y para los niños, la mejor forma de aprender es observar e imitar. Si nosotros como padres somos capaces de gestionar y verbalizar nuestras propias emociones, los niños irán aprendiendo a hacer lo mismo.

Los comportamientos que demostramos al enojarnos serán los modelos que nuestros hijos imitarán cuando ellos se enojen. Si usted al enojarse lanza cosas y grita, sus hijos harán lo mismo. Si tendemos a reprimir nuestras emociones, nuestros hijos también lo harán. De la misma manera, si somos capaces de expresar las emociones positivas como gratitud, alegría, afecto, ellos tendrán en nosotros buenos modelos a seguir. El aprender a gestionar adecuadamente las emociones involucra observación, práctica y el acompañamiento de los adultos. Una persona que sabe gestionar adecuadamente sus emociones es capaz de identificar, verbalizar y expresar las emociones de maneras socialmente aceptables.

El simple hecho de poder identificar la emoción y poder verbalizarla disminuye la tensión en gran medida, por eso es tan importante abrir espacios de conversa, de reflexión y de escucha. Los niños necesitan nuestra ayuda para aprender a poner las emociones en palabras. A partir de ahí se puede reflexionar sobre la emoción y encontrar salidas aceptables. Cada persona es diferente, a unos les sirve escribir, a otros meditar, a otros hacer deportes o salir a caminar. Habrá que ir probando y creciendo en auto-conocimiento para encontrar lo que funciona para cada quien.

Validación. La ira, la frustración, los celos son sentimientos desagradables pero válidos, y deben recibir la importancia que merecen. Es muy importante que hagamos saber a los niños que todas las emociones son aceptadas y que recibirán un espacio para que las expresen. Eso no significa que se valga expresarlas de la forma que sea. Vamos primero a identificar la emoción para después validarla con una palabra pues para aprender a gestionar primero hay que abrir la posibilidad de sentir y reconocer lo que se siente. El validar significa dar permiso para sentir sin juzgar, castigar, aislar o amenazar a los niños por el hecho de que están sintiendo una emoción desagradable, o por sentirla en relación a nosotros.

Validar es una especie de traducción del idioma emocional al idioma de palabras. Una vez que sean identificadas esas emociones, los niños deben aprender las palabras que las definen. De manera que a medida que van creciendo y aprendiendo a hablar, puedan expresarlas claramente. Esto ayudará a minimizar malos comportamientos, pues una vez que sepan describir sus emociones, generalmente una frase llena de las entonaciones propias de dicha emoción, bastará para expresarla. Al no tener esas herramientas verbales a su disposición, los niños se valen de acciones.

Validar las emociones también implica empatizar y poder comunicar cómo usted también ha sentido esas emociones anteriormente. Por ejemplo: "Veo que estás aburrido, yo también estaría aburrida si no pudiera moverme de esta fila del banco" o "Ya me di cuenta que estás bravo, yo también estaría brava con mi mami si no me compra algo que realmente quiero". Los niños aprenden de mejor manera con el ejemplo.

Contención– Abrácelos si se dejan. Muchos malos comportamientos son la expresión de emociones desagradables de baja intensidad. Si lloran o si están tristes, generalmente el abrazo puede ayudar a contener la emoción. Si están demasiado alterados, como en el caso de una pataleta, sin embargo, solo manténgase a su lado y acompáñelos en silencio durante la expresión de ese torbellino de emociones.

Si está en un sitio público y se da una rabieta, recuerde que el intervenir verbalmente para intentar terminarla rápido puede, por el contrario, intensificarla. Es mejor en esos casos transportar la rabieta hacia otro lado. Marque a su hijo y llévelo al baño, al carro, afuera del almacén o a cualquier otro sitio donde el despliegue de emociones sea menos disruptivo. Así usted podrá concentrarse en gestionar el mal comportamiento más efectivamente en vez de preocuparse del "qué dirán".

Paciencia. Somos humanos y nadie es perfecto. Si siente que empieza a perder el control, respire y aléjese para tranquilizarse. En el caso de una pataleta, sin embargo, no se aleje porque eso comunicaría al niño que no le importa lo que le está pasando. Intente hacer caso omiso de las patadas, las palabras groseras y las amenazas que puedan darse durante ese momento. Es mejor esperar a que todo eso pase para hablar y reflexionar. Procure proyectar calma y seguridad durante las situaciones difíciles pues las emociones son contagiosas, y lo que los niños buscarán los momentos difíciles es guía y apoyo. Por lo tanto, si nuestra respuesta a un mal comportamiento es de mayor estrés o enojo, en vez de ayudar a gestionar sus emociones, estaríamos causando más desequilibrio.

Ni su hijo ni usted van a llegar a ningún arreglo o acuerdo si están enojados o alterados. Esperen a estar más calmados para analizar, dialogar, cuestionar, y reflexionar. Al reflexionar, recuerde hablar estrictamente de lo que pasó y de las emociones que se dieron. Evite culpabilizar y no use términos que definan al niño (ej. irrespetuoso, malcriado, grosero) sino palabras que definan a las emociones sentidas (ej. miedo, iras, celos) y a la situación (ej. desorden, ruido, falta de comunicación).

Berrinches y rabietas

Los berrinches y rabietas no son síntomas de un niño malcriado, o mal educado, son los síntomas de un niño frustrado. Todos los niños independientemente de cómo sean criados, tendrán sus rabietas y berrinches pues son parte de un proceso de desarrollo de destrezas sociales y de autorregulación emocional. Algunos bebés los empiezan a tener a los quince o dieciocho meses cuando se dan cuenta que son autónomos de sus padres. La gran mayoría, sin embargo, lo harán entre los dos y cinco años. Las rabietas y berrinches son parte de una etapa del proceso evolutivo de niños de esta edad y desaparecerán por sí solos. La buena noticia es que la mayoría de rabietas son evitables. Los berrinches y rabietas expresan un sentimiento de impotencia y de falta de control. Los niños que sienten que tienen algo de control en sus vidas, tienden a tener menos rabietas. De manera que usted puede prevenir que sucedan cuanto más poder de elección provea a sus hijos y cuanto menos disturbe sus rutinas de comer y dormir.

Los niños menores a cinco años no tienen recursos internos para manejar la frustración. Generalmente cuando un niño estalla con un berrinche es porque ya ha intentado expresar algún deseo o necesidad que no ha sido escuchada o atendida oportunamente. Criar con apego y con respeto significa atender a las necesidades. Sin embargo, el satisfacer sus necesidades básicas de sueño, de hambre, de cercanía, de atención etc. es una cosa, mientras que satisfacer sus deseos materiales y otros caprichos, es otra. Los padres sabemos qué es lo mejor para nuestros hijos y saber decir "no" es necesario cuando lo que ellos nos pidan atente contra su bienestar o el de alguien alrededor de ellos. Sin embargo, el imponer una orden o el decir "no" simplemente porque somos autoridad y "se hace lo que uno dice" no conduce a nada productivo. Al imponer o decir "no" sin razón aparente, estamos entrando en guerras con nuestros hijos que podrían ser perfectamente evitables.

En la medida de lo posible, tratemos siempre de evaluar cada situación: ¿aquello que nos piden nuestros hijos realmente pone en riesgo su sano desarrollo, salud o seguridad? De no ser así, ¿por qué no complacerlos? Recuerde que imponer por imponer no lo hace ser más respetado de la misma manera que acceder ante un pedido o deseo sensato no le hace perder su autoridad. Recuerde: una crianza respetuosa no se trata de nunca decir "no" para evitarles el sufrimiento o la ira. Se trata de enseñarles que un "no" no es el fin del mundo. Además, no existe ninguna regla que diga que la persona que dice "no" no pueda, al mismo tiempo, ser quien consuele y quien ayude a gestionar las emociones generadas por esa negativa.

En el medio de un berrinche, una crianza respetuosa se trata de acompañar a los niños durante su torbellino emocional. Se trata de ayudarles a reemplazar esos comportamientos poco apropiados por otros más adecuados. Las emociones sentidas no se intentan eliminar, todos tenemos derecho a sentir la ira y la rabia. La manera de expresarlas, sin embargo, puede ser reemplazada con nuestra ayuda. La crianza respetuosa entiende al niño desde una posición empática y comprensiva, no autoritaria. Sin embargo, empatía no significa ceder ante las peticiones o deseos de nuestros hijos con el objetivo de terminar con un berrinche pues eso simplemente reforzaría el mal comportamiento y causaría inadvertidamente que ocurra más frecuentemente. Tampoco vamos a ignorar al niño y a dejarlo solo en un momento de grande descontrol emocional, porque eso le comunica que sus deseos y emociones son de poca importancia.

Empatía significa ponernos en los zapatos del niño e intentar comprender el origen de la frustración. En ese sentido, lo que sí podemos hacer es ignorar la conducta de ese momento para que no nos distraiga, no nos enfurezca, y nos permita poner atención a las emociones que están siendo expresadas inapropiadamente a través de ese comportamiento. Una vez que logramos ignorar lo que estamos viendo (las patadas, los gritos y palabras poco amables) entonces sí podremos gestionar la rabieta. Los niños no tienen los mismos recursos emocionales ni madurativos de los adultos, por lo tanto, son incapaces de verbalizar de manera coherente sus emociones. De su boca nunca saldrá: "estoy enojado porque no me quisiste dar más dulces", en vez de eso, ellos se lanzan al suelo y gritan descontroladamente. En ese momento, razonar con ellos resulta inútil y en muchos casos abrazarlos, negociar o brindarles palabras de aliento lo único que causa es que se intensifique el berrinche. En esos casos la mejor contención es acompañarlos con nuestra cercanía física y con nuestro silencio.

Una vez que haya terminado la rabieta usted puede entonces abrazar, consolar y razonar con sus hijos. Al momento del razonamiento, es preciso ayudar a los niños a verbalizar las emociones sentidas durante la rabieta. "Ya vi que te enoja mucho no poder comer muchos dulces, a mí también me encantaría comerme muchos, pero no es saludable". Trate de usar frases que resalten las emociones sentidas y las causas del comportamiento y trate de evitar frases que etiqueten o culpabilicen al niño de los sentimientos sentidos. Ofrezca conductas alternativas para una próxima vez que esos sentimientos se presenten. Por ejemplo, morder fuertemente algo suave como un pedazo de tela, una almohada o hacer pedazos a una hoja de papel son conductas que pueden ofrecer la misma sensación de desfogue emocional y pueden ser buenas alternativas a una pataleta. De esa manera, estamos permitiendo la expresión de las emociones desagradables pero con comportamientos más apropiados, menos escandalosos y disruptivos, especialmente si estamos en lugares públicos.

A pesar que existen algunas maneras sensibles de gestionar las rabietas, la mejor opción es sin duda hacer lo posible por evitarlas. Para evitarlas considere las siguientes sugerencias:

1. Comunique a su hijos cuáles son sus planes, a donde van, qué van a hacer y qué esperar de la salida. La falta de predictibilidad es una de las causas más comunes de las rabietas.

2. A nosotros nos gustan nuestras rutinas, a los niños también. Procure en lo posible no disturbarlas.

3. El presenciar un berrinche de otro niño da paso a un aprendizaje por observación. Evite en lo posible que sus hijos vean estos comportamientos en otros niños o en la televisión.

4. Evite salir durante las horas en las que comúnmente toman su siesta o cuando tengan hambre.

Capítulo IX.
El juego

"Se habla a menudo del juego como si se tratara de un descanso del aprendizaje serio. Pero para los niños el juego es aprendizaje serio. El juego es el trabajo de la infancia". -Fred Rogers-

La importancia del juego libre

Algunos estudios experimentales muestran que los niños de edad escolar prestan más atención en sus clases después del recreo. Un descanso no estructurado en el que los niños son libres de jugar sin dirección de los adultos parece ser necesario para sus mentes en desarrollo. En algunos países asiáticos como China y Japón, donde se conoce que los estudiantes son estudiosos y dedicados, las escuelas les dan recreos cortos cada 50 minutos.

Ese buen rendimiento académico que experimentan estos países asiáticos se relaciona a que el tipo de juego libre que se da durante los periodos no estructurados, tienen beneficios cognitivos. Los recreos son periodos libres y sin estructura. Las clases de educación física, de natación y/o de ballet, por el contrario, no proveen los mismos beneficios cognitivos que el juego libre a pesar de ser habilidades importantes. Los científicos creen que esto es porque las clases de educación física, o de cualquier otro deporte son muy estructuradas y se basan en la imposición de reglas firmes por parte de los instructores. Para acceder a todos los beneficios del juego libre, éste debe ser realmente de carácter lúdico, no secuencial o estructurado.

El juego exploratorio

Pedagogos y psicólogos reiteran una y otra vez que el juego infantil es una actividad mental y física esencial que favorece el desarrollo del niño de forma integral y armoniosa. Mediante los juegos, los niños consiguen entrar en contacto con el mundo y tener una serie de experiencias de forma placentera y agradable. Jugar es investigar, crear, conocer, divertirse, descubrir, es decir, jugar es la expresión de todas las inquietudes, ilusiones y fantasías que un niño necesita desarrollar para convertirse en adulto. El juego, además, es una característica universal de todas las crías de las especies más evolucionadas (como los primates) lo que significa que constituye una parte integral de nuestro plan biológico.

Desde el día que nacemos estamos programados para jugar. Los primeros meses de vida, los bebés aprenden acerca del mundo que les rodea a través de la exploración. Habrán ciertas cosas, por supuesto, que no podrán libremente explorar porque atentan su salud física y bienestar general. Para eso estamos los adultos, para mantenerlos libres de peligro. Sin embargo, la gran mayoría de las cosas a su alrededor son cosas inofensivas. Incluso aquellas con un poco de polvo y algo de gérmenes son cosas de las que los bebés no deben ser privados.

De hecho, la obsesión de algunos padres con la limpieza, puede ser un obstáculo en el desarrollo de los niños. Aquellos comportamientos de limpieza a pesar de ser bien intencionados, pueden interferir con un adecuado desarrollo del sistema inmunológico de los bebés. Las superficies del hogar no siempre deben estar perfectamente limpias y desinfectadas. Aunque es verdad que la higiene, los bactericidas y vacunas han salvado infinidad de vidas y son parte de los descubrimientos más importantes en la historia, la exposición a los gérmenes diarios ayuda a que los bebés desarrollen un sistema inmunológico competente y regulado, con suficientes defensas para enfrentar ataques infecciosos a lo largo de sus vidas.

Los estudios recientes demuestran que las alergias de todo tipo han aumentado considerablemente en los últimos 50 años, pese a que ya se cuenta con mayores conocimientos médicos y medicamentos para tratarlas. Hoy son frecuentes el asma, la rinitis o las alergias a los alimentos. Frente a esta problemática, algunos estudios han encontrado, por ejemplo, que los niños nacidos y criados en ambientes rurales con exposición a un ambiente menos limpio y aparentemente con exposición a más agentes infecciosos, desarrollan menos alergias que aquellos que viven en ambientes urbanos aparentemente más limpios.

Sin saber nada acerca de la limpieza, los bebés naturalmente explorarán todo lo que está a su alrededor. Su primer campo de exploración es su madre, su padre y toda aquella persona que esté a su alrededor. Con el paso de los días, los bebés se interesan por manipular todo lo que está al alcance de sus ojos y sus manos. Alrededor de los nueve meses cuando son capaces de desplazarse a través del gateo, exploran todo lo que encuentran en casa. Esta exploración es parte del plan para su desarrollo cognitivo. Jean Piaget, famoso por sus aportes al estudio de la infancia, denominó a esta etapa sensorio-motora.

La etapa sensorio-motora abarca desde el nacimiento hasta los dos años de edad aproximadamente. En el primer año los niños se enfocan en sus acciones motrices y en su percepción sensorial. Al final del primer año, cambia su concepción del mundo y los niños reconocen la permanencia de los objetos cuando se encuentran fuera de su propia percepción. Sin embargo, a esta edad los niños no son todavía capaces de elaborar representaciones internas y su pensamiento está limitado por su capacidad verbal. Cerca de los dos años, emerge una especie de "lógica de las acciones", donde toda actividad está motivada por la experimentación. Los niños investigan intentando encontrar causas y efectos para sus acciones. El juego cotidiano de manipular las cosas y meterlas a la boca es una forma de experimentación, de obtención de datos y de extracción de nuevas conclusiones. Es preciso dejar que los bebés aprendan por sí solos haciendo "prácticas y ensayos" como pequeños científicos, en lugar de decirles aquello que deben aprender. Si realmente queremos que aprendan sobre algo en específico, los único que podemos hacer es presentárselo como opción. De ellos dependerá el decidir si aquella opción les interesa o no.

De los dos a los siete años aproximadamente aparece el juego simbólico e imitativo. En este periodo los niños descubren que algunas cosas pueden tomar el lugar de otras. El pensamiento infantil ya no está sujeto a acciones externas y comienza a interiorizarse. Las formas de representación internas que emergen simultáneamente al principio de este periodo son: la imitación, el juego simbólico, la imagen mental y un rápido desarrollo del lenguaje hablado.

El rol del juego simbólico e imitativo

Jean Piaget decía que el juego estaba al servicio de la inteligencia. La inteligencia incrementa cuando el niño se encuentra con un nuevo evento, un nuevo concepto o una nueva información y lo *asimila* a su sistema de conocimiento. La nueva información se acomoda o encuentra un lugar entre lo previamente aprendido, a esto Piaget llamó *acomodación*. La *acomodación* significa que los niños estructuran la nueva información en el cerebro para hacer sentido de ella en base a lo previamente conocido. Por ejemplo, el concepto de "perro" involucra comprender que es un animal con cola, con una nariz mojada, con cuatro patas y muy peludo. Si de repente el niño ve un gato, su cerebro va a reconocer al gato como algo parecido al perro. Se asimila este nuevo concepto a lo más parecido que el niño conocía previamente y su cerebro encuentra un espacio para este nuevo concepto. En su mente, el concepto de "gato" se ha basado en la comprensión de las diferencias entre éste y un "perro". El gato tiene todo lo anterior al perro (animal con cola, con una nariz mojada, con cuatro patas y muy peludo) pero acomodar el nuevo concepto implica reconocer las características que lo hacen diferente (los gatos tienen orejas también pero son triangulares, tienen ojos también pero éstos se ven más alargados y tienen colas también pero son más largas).

El desarrollo de la inteligencia siempre involucra un balance entre la habilidad de asimilar y la habilidad de acomodar. Piaget observó dos categorías de juego: juego simbólico y juego imitativo. Las dos formas usan la imaginación. En el juego simbólico un objeto se vuelve el símbolo de algo más grande y más real. Los materiales u objetos usados en este tipo de juego son asimilados por el niño pero el niño no hace ninguna acomodación. Por ejemplo, el niño encuentra una caja de zapatos vacía. Esta caja ofrece una serie de posibilidades para la imaginación del niño. La caja sin la tapa puede simbolizar una cama, un bote, un carro. Con la tapa puede ser un baúl de tesoros, una caja registradora, etc. Una imagen interna o idea de las posibilidades se proyecta a esa caja. La caja entonces, se convierte en un bote o un barco, por ejemplo. El niño sabe que en realidad la caja es caja, no un bote o un barco, pero juega con este como si lo fuera. Es decir, el niño ha adaptado o acomodado la caja como un nuevo concepto. Su cerebro se ha concentrado en los puntos de similitud entre la caja y todos los posibles objetos que puede ésta representar. Su cerebro claramente distingue los símbolos del mundo real. Cuando se termina el juego, todos los conceptos siguen siendo los mismos. En el juego simbólico los niños registran los estímulos del mundo. Los aceptan y los hacen ponerse al servicio de su fantasía. El juego no es con el objeto sino con la imagen transformada del objeto en sus mentes. Cuando los niños juegan con objetos cotidianos que simbolizan algo más, ellos ponen los objetos del mundo al servicio de sus deseos. En el juego simbólico no hay acomodación sino solo asimilación.

El juego imitativo, por el contrario, es un juego de acomodación y no hay asimilación. El juego imitativo se basa en los movimientos corporales y en la imitación de algo en particular. El niño observa alguna actividad física de un adulto o hermano mayor, e imita esas acciones. Por ejemplo, mire a un niño que observa a su padre rasurarse la barba. El niño moverá su cara y hará las mismas mociones que las de su padre al observarlo. Un niño que ve a su mamá cocinar, imitará los mismos movimientos que ella hace con las ollas, las cucharas y los sartenes. El juego imitativo es muy útil para aprender los roles sociales y las acciones prácticas. Este juego imitativo en las etapas iniciales tomará mucho más significado después de los siete años de edad cuando los niños son mucho más conscientes de los roles sociales.

En el juego imitativo, el niño actúa a partir de un modelo adulto y el propósito del juego es asumir que se tiene las mismas capacidades del adulto imitado. El juego consiste en acomodarse al modelo. Los niños adaptan su propio cuerpo a la acción del modelo dado y mientras más perfecto y preciso sea le imitación de los movimientos corporales, mejor será el juego. ¿Ha visto a un niño barrer, trapear o hablar por teléfono?

La imitación sirve la misma función que el juego simbólico. El niño juega a controlar el mundo. En el juego simbólico el niño pone a los objetos a su servicio para satisfacer sus deseos fantasiosos; en el juego imitativo, el niño se transforma en el aquel modelo deseado. Sea cual fuere el tipo de juego que los niños elijan, la imaginación es el eje central de su mente. La imaginación es posible en la medida en que los niños puedan establecer puntos de similitud en los patrones conceptuales de su sistema mental. El barco no está presente a los sentidos, solo una caja de zapatos. Los poderes de Tarzán o de Superman tampoco están presentes, solo las extremidades flacas del niño pero las similitudes entre los objetos reales y los ficticios son suficientes para construir una imagen interna.

El juego aparece en la superficie pero el trabajo real se da internamente. Esto no lo entienden muchos padres y maestros. Muchos se quejan de que los niños quieren pasarse jugando todo el tiempo. Pareciera que la insistencia de un niño en jugar constituye un problema para los adultos. Pareciera que el juego es nuestro gran enemigo, pues todo lo que queremos que los niños hagan va en contra de él. Nuestra intención es que nos pongan atención y que hagan lo que les pedimos. No comprendemos que los niños están diseñados para jugar, todo el día si es posible. Así es como ellos entienden el mundo. Como lo dijo Piaget, "cada nutriente necesario para estructurar nuestra percepción del mundo puede ser amoblado a través del juego".

Por último, tanto el juego simbólico como el imitativo son parte esencial de desarrollo afectivo de los niños ya que, a través de él, expresan todos sus temores, emociones y conflictos. Esta actividad lúdica sirve para descargar las tensiones y expresar lo que sienten o lo que entienden acerca del mundo.

Otro tema que aparece en el juego simbólico se relaciona con los roles sociales masculinos o femeninos. La influencia de los diferentes agentes sociales y de los medios de comunicación en la edad preescolar todavía no es notoria. Por eso, los niños pequeños independientemente de su género tomarán diferentes roles durante el juego simbólico. Estos roles, desde el punto de vista del adulto, pueden no corresponder a la identidad sexual del niño o niña. Por ejemplo, se considera aceptable que una niña juegue a ser mamá e intente dar el pecho a su muñeca, pero cuando un niño lo hace, los adultos tienden a intervenir y a sugerir otras maneras de jugar. Interesantemente, los padres suelen permitir a las niñas que jueguen con carros, trenes y pelotas pero cuando los niños juegan con muñecas, "¡eso sí que no!".

En nuestras sociedades latinas todavía muy tradicionales y machistas, ciertos juegos percibidos socialmente como femeninos, no son tolerados para los niños. Sin embargo, no nos damos cuenta que al privar a los niños varones de jugar con juguetes que despiertan su lado empático y sensible, estamos privándoles de sentir emociones que no tienen género, sino que son simplemente emociones humanas. No existe evidencia acerca del impacto que el permitir el juego con muñecas tenga en las futuras tendencias sexuales de los niños. Por el contrario sí existe evidencia de que los niños que se les permite desarrollar su empatía se convierten en amigos, parejas y eventualmente en padres más sensibles y empáticos.

Los estudios dicen:

Algunos estudios han revelado una asociación entre el juego simbólico y al desarrollo del lenguaje. Por ejemplo, el psicólogo Edward Fisher analizó 46 estudios sobre los beneficios cognitivos del juego simbólico y encontró que especialmente aquel parecido a un socio-drama en el que los niños toman roles específicos, resulta en mejor desempeño tanto en las áreas cognitivas, como lingüísticas y sociales.

Otro tipo de juego simbólico que ha sido estudiado es aquel que involucra bloques o legos. Estos simples juguetes ayudan a los niños y niñas de toda edad a desarrollar su coordinación ojo-mano, sus destrezas espaciales, sociales, de lenguaje y su capacidad de pensamiento creativo y divergente. Con los legos o bloques, los niños inventan sus propias construcciones y a través de ellas recrean situaciones simbólicas.

Los estudios dicen:
Algunos estudios científicos indican que el juego con bloques está asociado con buenas habilidades matemáticas durante el periodo escolar[29]. El juego con bloques y legos está además relacionado con mejores puntajes en los exámenes estandarizados de inteligencia espacial. Esto se da porque al construir estructuras, los niños aprenden sobre relaciones espaciales y son capaces de imaginar las diferentes posiciones y rotaciones de los objetos, lo cual desarrolla sus habilidades espaciales[30].

---

[29] Wolfgang, (2001).

[30] Caldera et al., (1999)

Acompañar sin dirigir o interferir

La actitud de quien acompaña hace la diferencia. Una cosa es el juego de un niño en el parque, con su mamá sentada en el banco chequeando Facebook o Whatsapp en su teléfono, y otra es la experiencia de sentirse reconocido en la mirada de su mamá o de los adultos que le acompañan mientras juega.

El adulto, sin dirigir el juego del niño, puede participar de él con su presencia como un "compañero simbólico". Al acompañar, es necesario además no obstaculizar el juego mediante la utilización del lenguaje que no ha sido solicitado y que interrumpa el despliegue de la imaginación. Los adultos interrumpimos muy a menudo. Nos sentimos incómodos ante el silencio y estamos acostumbrados a hablar para llenar los vacíos en los momentos de incertidumbre, de no saber qué hacer o cuando sentimos la sensación de "no estar haciendo nada". El lenguaje, durante la interacción adulta, muchas veces es la mejor herramienta para evadir una situación que nos incomoda o simplemente para evitar la sensación de vacío. El lenguaje nos lleva a lo racional, por lo que suele salvarnos de situaciones que nos generen una emoción intensa. Frente a la angustia de la incertidumbre, las palabras distraen. Durante el juego y la interacción de los niños, sin embargo, el silencio es necesario. Los adultos debemos aprender a sentirnos cómodos con el silencio, especialmente, cuando de éste depende el despliegue de la imaginación de nuestros hijos.

Podemos pensar en la práctica del silencio interno como un ejercicio que favorece esta calidad de nuestra presencia. Muchas veces se dice desde la teoría, que en el trabajo con niños pequeños, los adultos "prestamos" el lenguaje al niño, o "ponemos en palabras" lo que el niño todavía no puede hacer por sí mismo. Esto está bien, pero es mucho mejor cuando el niño lo solicita. Nuestro lenguaje puede distorsionar o dirigir la experiencia del niño cuando las descripciones de lo que él está haciendo también implican una interpretación muchas veces errónea de lo que vemos. Y hasta algunas veces la descripción de lo que el niño hace está de sobra porque ya lo está haciendo y no necesita que nadie le relate lo que él está experimentando por sí mismo.

El lenguaje tiene sentido cuando la experiencia que el niño está viviendo sobrepasa su capacidad de comprensión y de asimilación. Por ejemplo, cuando un niño se asusta frente a un brusco e inesperado sonido, es imprescindible acudir al lenguaje para darle un nombre al evento y a la emoción que lo invade. En ese momento, nuestro lenguaje que pone en palabras su miedo o su susto, es parte de nuestro acompañamiento en esta vivencia poco placentera y le hace sentir que estamos allí a su lado para sostenerlo. Con nuestra palabra construimos un puente entre su emoción y su comprensión de lo ocurrido. El lenguaje que proveemos es el modelo con el cual los niños interpretan su mundo. Las frases ricas en elementos descriptivos son -en la mayoría de casos- necesarias y beneficiosas para ayudar a los niños a desarrollar su lenguaje.

Sin embargo, en un espacio de juego donde conviven niños y adultos es importante minimizar el lenguaje verbal. Las conversaciones e interpretaciones que los adultos hacen durante el juego de los niños invaden su espacio y lo monopolizan con la energía del mundo adulto. Es muy simple. Cuando los niños se sienten escuchados y respetados durante sus momentos de juego libre, éstos luego se vuelven capaces de respetar también los espacios que los adultos nos reservamos para nosotros, como una conversación con un amigo o una placentera sobremesa.

Creando contextos apropiados

El primer paso para crear contextos apropiados para el juego libre es contar con los espacios adecuados para su despliegue. El hecho de que los espacios con los que contamos en nuestra casa sean estables (es decir, que se coma en el comedor, se cocine en la cocina y se duerma en los dormitorios) no significa que sean inamovibles. Muchos padres prefieren tener cuartos de juego, sin embargo, los estudios nos dicen que es mejor contar con espacios poco estructurados en casa ya que los montajes estructurados y demasiado complicados pueden condicionar en el momento en que surja la necesidad de cambiarlos. Por ejemplo, una cocinita o una casita de plástico compradas son menos versátiles que un cartón, una mesa o una estantería , ya que éstas últimas al ser adecuadamente equipadas o ambientadas pueden actuar unas veces como casita, otras como tienda y otras veces como cocinita.

Otra parte importante que se debe considerar al crear contextos apropiados es el proporcionar juguetes que vayan de acuerdo a la edad madurativa de los niños. Cuando los juguetes implican habilidades que van todavía muy por arriba de sus capacidades, en vez de disfrutarlos y aprender de ellos, terminan por causarles demasiada frustración innecesaria. Aquí vale una aclaración. Las pequeñas frustraciones no son del todo perjudiciales. Los bebés y niños deben aprender a gestionar sus frustraciones y no es nuestro trabajo evitarlas a como dé lugar. Sin embargo, no tiene caso crear frustraciones innecesarias a partir de juguetes para los cuales no están listos. Por ejemplo, si un bebé de quince meses juega a hacer torres con cubos, es normal que haya algo de frustración al ver que la torre se derrumba al cabo de solo unos dos o tres cubos. La frustración que el bebé siente al no poder perfeccionar el arte de hacer torres es algo normal y necesario para motivarlo a desarrollar sus habilidades espaciales. Los padres conscientes de esto seguramente animarán a sus bebés a que lo intenten de nuevo.

Algo muy diferente sería darle a ese bebé de quince meses algo como una colección de mullos o esferas grandes para ensartar que por más simple que nos parezca a los adultos, es una habilidad motriz fina para lo cual un bebé de esa edad no está listo. Lo más seguro es que terminemos los adultos ensartando los mullos por ellos. No confundamos el permitir que nuestros bebés sientan algo de frustración con el crear ambientes que la provoquen. Si el juguete que hemos comprado para nuestro hijo es todavía muy difícil de manipular, inclusive después de la práctica, es mejor esperar a que la madurez motriz del niño sea la apropiada para el juguete. De lo contrario, estamos creando una frustración innecesaria y contraproducente, la cual es perfectamente evitable.

El segundo paso para crear contextos apropiados para el juego libre conlleva una reflexión acerca de nuestra disposición ante el juego. Los adultos tenemos nuestras propias ideas sobre cómo debería verse un determinado juego, y cuando lo que vemos no cuadra con lo que tenemos en la mente, intentamos modificar el juego del niño y "enseñarle" como se juega. El contexto más apropiado para el juego libre es aquel que cuenta con adultos dispuestos a proporcionar ayuda o seguridad cuando el niño lo solicite. Es decir, estando cerca pero no encima de ellos. Con una actitud de disponible pero no intrusiva.

Es fundamental, además, que los adultos nos relajemos un poco en lo que respecta a la limpieza y nitidez de la casa. O bien permitimos el despliegue de la expresión creativa (generalmente caótica para la vista del adulto), o bien damos prioridad a una casa limpia y pulcra arriesgando no solo un óptimo desarrollo cognitivo para nuestros niños, sino además impidiendo su felicidad. Es imprescindible que nuestros hogares sean permisivos para que surja la expresión espontánea de los niños, y además que esta permisividad venga libre de culpas. Los niños no deben sentirse culpables ni por haber disfrutado del juego, ni por haber provocado un regadero de juguetes. A medida que crecen, se les debe enseñar a guardar los juguetes que han utilizado. Pero eso no sucederá por lo menos por dos años, así que hasta que eso ocurra, nos compete como padres proveer un espacio y un contexto lleno de expresión y libre de culpas.

Juguetes que favorecen el despliegue de la creatividad

Los objetos y juguetes son herramientas importantes y atractivas para estimular a los bebés, siempre y cuando sean seguros y adecuados para su edad. Sin embargo, a la hora de elegir un juguete, recuerda que lo más importante son sus padres y otros integrantes del grupo familiar que juegan con él. El juguete de por sí simplemente estimula el aprendizaje pero son las interacciones interpersonales que se dan alrededor del juego las que permiten a los niños hacer sentido de lo que aprenden.

Como se dijo anteriormente, aquellos juguetes que proporcionan oportunidades positivas de aprendizaje, son aquellos que van en relación a la edad y madurez de los niños. Sin embargo, hay otras características importantes que deben ser tomadas en cuenta. Los juguetes deben contar con todas las condiciones de seguridad; incorporando valores positivos (juguetes no sexistas, ni bélicos o que propicien la violencia); que potencien actitudes de respeto, igualdad y trabajo en equipo; intentando optar por aquellos que ayuden a desarrollar todas las capacidades y habilidades; y evitando fomentar roles sociales y estereotipos relacionados con el tipo o el color del juguete.

El respeto al juego libre implica permitir que los niños escojan con qué y cómo jugar. La común creencia de que los carritos son para niños y las muñecas para niñas impiden el desarrollo de ciertas habilidades, como la empatía, que son habilidades sin género, sino que simplemente son humanas. El permitir, por ejemplo, que un niño arrulle a una muñeca lo único que va a provocar es incrementar las probabilidades de que ese niño se convierta en un padre comprensivo y cariñoso en el futuro. Por el contrario, al no dejarle jugar libremente con la muñeca bajo la premisa de que "eso es para niñas", lo que realmente les comunicamos es que de alguna manera no está bien ser cariñoso o empático. Así es como, sin ni siquiera pensarlo, contribuimos a la desigualdad de género en nuestra sociedad.

Dejemos que los niños sean quien quieran ser para que entonces podamos tener la sociedad que siempre hemos querido tener. Si no actuamos nosotros para cambiar nuestra sociedad ¿entonces quién lo hará? Y si no actuamos ahora ¿entonces cuándo? La construcción de una sociedad progresista e igualitaria empieza por ti, en tu hogar.

A continuación una lista de sugerencias de juguetes comúnmente disponibles en el mercado y que van de acuerdo a la edad madurativa de los bebés y niños:

Los primeros tres meses:
- Sonajeros de colores llamativos, con distintos sonidos
- Móviles y colgantes
- Muñecos de tela de diferentes texturas que no desprendan pelusas
- Laves, campanitas
- Mantas didácticas con objetos y colores diferentes

Del cuarto al sexto mes:

- Alfombras y mantas didácticas
- Gimnasios infantiles
- Sonajeros con forma de argollas
- Cubos de plástico o tela
- Espejos irrompibles
- Pelotas pequeñas de plástico blando

Del séptimo al noveno mes:

- Baldes o cajas para guardar objetos
- Pelotas
- Juguetes con ruedas
- Cajitas musicales con movimientos
- Pianos , xilófonos
- Juguetes con botones , con cosas que salen , puertas que se abren
- Juguetes para arrastrar
- Juguetes para el baño

Del décimo mes al año:

- Libros de tela con páginas y dibujos grandes
- Álbumes de fotos
- Cubos para apilar
- Mesas didácticas
- Teléfonos musicales
- Juegos que emitan sonidos de animales

De los doce a veinticuatro meses:

- Bloques o legos
- Cubos o tazas para apilar por tamaño
- Donas didácticas
- Figuras geométricas para clasificar
- Juguetes de acuerdo al interés del niño o niña
- Mesas de agua o de arena
- Juegos de construcción,
- Rompecabezas sencillos.
- Libros y cuentos

Después de los dos años:

- Juguetes para moverse, coches, triciclos
- Pizarra, pinturas, juguetes con música para incentivar la expresión
- Formas geométricas de diversos tamaños y colores(clasificaciones, seriaciones)
- Rompecabezas

- Libros y cuentos
- Juegos de construcción, instrumentos musicales, plastilina
- Cosas para la imitación (disfraces, cubos, utensilios de cocina, muñecos, muñecas, casitas, títeres)

Libros y Cuentos

Los libros y cuentos pueden ser introducidos a los bebés tan pronto sean capaces de manipularlos o de ver sus diferentes dibujos. La importancia de leer cuentos es mucho más que conseguir que los niños se duerman pues el lenguaje contenido en ellos es un excelente estimulador, tanto de la imaginación como del lenguaje. Además, son una oportunidad para establecer vínculos fuertes entre padres e hijos, pues es como si juntos se transportaran a un universo paralelo y vivieran las más entretenidas historias.

Los cuentos son muy útiles para desarrollar la mente y la imaginación de los niños. Cuando un cuento le gusta a un niño, éste pedirá que se lo lean una y otra vez, exactamente igual. Lo quiere así porque las palabras tal y como se las dice el libro es lo que permite que las cosas existan y tomen vida en su mente. Las imágenes mentales que se generan a través de los cuentos son la gran riqueza y la ventaja de leerlos o escucharlos, frente a ver la televisión. Esto sucede porque las narraciones permiten al niño imaginar a partir de las palabras que oye, mientras que la televisión ofrece un mundo de imágenes ya creadas, en el que los niños no precisan imaginar nada.

Los cuentos de hadas son especialmente estimulantes. Durante el día proveen un marco de fantasía que permite dar rienda suelta a su juego imaginario. Aquellos que comienzan con la frase "Había una vez" o cualquiera de sus variantes, tienen una fuerza evocadora que hace que los niños se transporten fácilmente a otros universos y sean capaces de imaginarse en otras realidades. Por la noche, y especialmente antes de ir a dormir, los cuentos de hadas les dan seguridad. Pues es a través de las vicisitudes que enfrentan los héroes de estos cuentos, que los niños adquieren la confianza necesaria para ahuyentar cualquier miedo a la oscuridad o a dormir solos por la noche.

La expresión artística y la creatividad

Un estudio longitudinal conducido por Ken Robinson confirmó que el 98% de los niños en el jardín de infantes tienen excelente pensamiento divergente, lo cual es básico y necesario para la creatividad en el arte. Robinson siguió al mismo grupo de niños por unos años y comprobó que a medida que pasaban los años, el porcentaje de los niños con buen pensamiento divergente había decrecido en gran medida.

Su estudio demuestra, en primer lugar, que todos tenemos la capacidad de crear y de ser artistas, y en segundo lugar, que esta capacidad general se deteriora con el tiempo debido a ciertos enfoques de educación que dan prioridad a lo académico y no desarrollan la creatividad. El arte, en todas sus expresiones, es una actividad dinámica y unificadora, con un rol muy importante en la educación de los niños. Todo instituto de enseñanza debería estimular a sus alumnos para que se identifiquen con sus propias experiencias, y además animarlos a desarrollar los conceptos que expresan sus sentimientos, sus emociones y su propia sensibilidad estética. El arte expresivo además desarrolla la inteligencia emocional pues pone al ser humano en contacto con sus emociones. No se necesita habilidad artística para hacer arte. El principal componente es el niño. Un niño que tiene sentimientos, que experimenta emociones y que es capaz de plasmarlas en un papel o expresarlas a través de la música.

Todos los niños llevan dentro un potencial creativo oculto que podemos intentar descubrir. A lo largo de la historia, muchas veces, se ha tachado de soñadores o visionarios a personas cuyos aportes e inventos han sido fundamentales en el desarrollo de la humanidad. Pensemos en T. Edison, que al inventar la bombilla cambió radicalmente nuestra vida; o en Beethoven, cuya Novena Sinfonía se ha convertido en un emblema de la música clásica; o en Bill Gates, que persiguiendo su sueño dio un paso gigante en la revolución tecnológica. ¿Qué tienen en común todos estos grandes creadores? Uno, que son perseverantes, originales, arriesgados y críticos. Dos, que tienen talento y visión de futuro y se comprometen a fondo porque creen firmemente en lo que hacen, asumiendo riesgos y reflejando su visión del mundo. Pero sobre todo, sienten una inquietud creativa que deben satisfacer, independientemente de las recompensas económicas o sociales que les aporte su obra.

La creatividad se estimula creando, no decorando lo que otros han creado. En ese sentido, de preferencia a un libro que a la televisión y a una hoja en blanco que a un libro para colorear. Es justamente en los espacios no estructurados y con los juguetes más simples donde mejor se desata la creatividad.

Capítulo X.
La tecnología

*"¿Por qué esta magnífica tecnología científica que ahorra trabajo y
nos hace la vida más fácil, nos aporta tan poca felicidad? La respuesta
es esta, simplemente: porque aún no hemos aprendido a usarla con tino".*
-Albert Einstein-

Si usted es uno de esos padres que alberga culpabilidad al
permitir que sus hijos más pequeñitos usen la tecnología, este capítulo
es para usted. Le consolará saber que muchas familias desde 1999 han
acarreado la misma culpa cuando la Asociación Americana de Pediatría
(AAP) aconsejó a los padres no permitir a sus hijos pasar tiempo frente
a una pantalla. Ni una hora, ni un minuto, nada. En 1999, no ser
expuestos a la "pantalla" se refería exclusivamente al uso de la
televisión pues no existían tabletas, laptops y muy pocas familias
contaban con computadoras en casa para uso familiar. El enunciado
de la AAP publicado en primeras planas de los periódicos más
importantes de Estados Unidos decía: " los pediatras deben urgir a los
padres evitar que sus hijos vean la televisión antes de los dos años"...
más abajo en la misma columna decía: "A pesar que ciertos programas
de televisión son promovidos para los niños de éste grupo de edad, las
investigaciones sobre el desarrollo del cerebro en las edades tempranas
demuestran que los bebés y los niños menores de tres años tienen una
necesidad crítica de interacción directa con sus padres y otros
cuidadores para asegurar un crecimiento cerebral sano y un desarrollo
de destrezas sociales, emocionales y cognitivas apropiadas. Por lo tanto,
el exponer a los niños a la televisión no es recomendable". Esta
recomendación la AAP la hizo después de que un estudio sugiriera que
más del 35% de los niños menores de un año pasaban frente a la
televisión por una o dos horas, cifra que se incrementaba a 44% en
menores de dos años.

¿Se dio cuenta que en el enunciado de la AAP no hace
referencia a estudios cerebrales? Esto significa que la recomendación de
la AAP no fue un resultado directo de estudios médicos cerebrales que
hayan concluido que la pantalla es directamente perjudicial para el

cerebro infantil. No hay una base orgánica o prueba contundente de que lo que ocurre en una pantalla tenga efectos directamente perjudiciales para un cerebro infantil. De hecho, hasta la fecha existe poca evidencia de que ese sea el caso. Lo que sí han podido establecer los estudios es una asociación entre problemas de atención y el tiempo frente a la televisión. Pero asociación no significa causación. Es decir, no se puede decir que el ver la televisión causa problemas de atención. Simplemente se sabe que cada hora de consumo de televisión en niños entre uno y tres años incrementa un 10% las probabilidades de que presenten trastornos de atención a la edad de siete años. Así lo indicó también en el 2009 la Asociación Española de Pediatría (AEP) mediante un comunicado. Cuando los estudios no pueden establecer causación, las dos variables se pueden relacionar de diferentes maneras. O bien la televisión es la causa de los problemas de atención, o bien los niños con problemas de atención son más propensos a ver la televisión. Lo único que la asociación entre las variables indica es una relación.

Con la aclaración anterior espero le quede más claro que la recomendación de la AAP fue para comprometer a los padres a pensar más acerca del cuándo, el dónde y el porqué del uso de la pantalla pues el estudio reveló que los niños de ese entonces no estaban siendo provistos con oportunidades para desarrollar su cerebro óptimamente sino que pasaban mucho tiempo frente a la pantalla. Una recomendación de esta índole era necesaria para empezar a concientizar a los padres. Hoy en día la recomendación de la AAP se mantiene y estipula un límite de dos horas diarias para niños entre tres y dieciocho años y ni un minuto para los menores a dos años. Esto incluye el uso de tabletas y/o smartphones que también se consideran "pantallas" a pesar de que al ser éstas de índole interactiva, abren paso a otro tipo de experiencias cerebrales que están siendo estudiadas.

A pesar de las recomendaciones, sin embargo, el temer a la tecnología como que fuera una abominación resulta poco realista. Una manera más sensata de abordar la recomendación de los pediatras es pensar en el contexto, el contenido y en nuestra propia dinámica familiar. Mientras haya una variedad de actividades estimulantes para nuestros hijos, el uso moderado de la televisión no podrá causar ningún daño. No se sienta culpable innecesariamente. Las pantallas como tales no son dañinas para el cerebro. Sin embargo, el permitir que una pantalla se vuelva la principal fuente de diversión de sus hijos si puede ser muy perjudicial. La clave está en saber usarla con moderación.

El saber usar efectivamente la tecnología resultará beneficioso para las presentas y futuras generaciones pues les permitirá cumplir con las exigencias de la época. Sin embargo, su uso no debe reemplazar el juego libre ni la exploración de la naturaleza, ni cualquier actividad propia de los niños como correr, construir, caerse y enlodarse. Estas actividades deben incluirse en la rutina diaria de todo niño para garantizar un desarrollo cerebral óptimo. Por lo tanto, en vez de albergar resentimientos y culpas al darnos cuenta que nos resulta difícil acatar al pie de la letra las recomendaciones de los pediatras, mejor pongamos las cosas en perspectiva y analicemos nuestra propia dinámica familiar. Encontremos la manera de que tanto la tecnología como la naturaleza vivan armoniosamente en nuestra rutina diaria. No reemplacemos una salida al parque o al lago por un programa de televisión, pero tampoco escondamos todas las pantallas, tabletas y teléfonos inteligentes de la casa. No tiene sentido privar a nuestros hijos y a nosotros mismo del entretenimiento y comodidad que la tecnología nos ofrece.

La clave está en la moderación, en el contenido y en el contexto. Si aquello que permitimos a nuestros hijos ver en la televisión o jugar en una tableta proporciona valiosos aprendizajes, y si lo hacen en un momento en el que no estarían haciendo nada mejor, entonces no hay porqué pensarlo dos veces. El permitir que el niño se entretenga mientras usted hace los quehaceres de la casa, no la hace mala madre o mal padre. Todo lo contrario, los hace padres bien prevenidos. Si la tecnología se utiliza en un contexto en donde su uso no es una manera de evadir otros importantes aprendizajes, entonces, no hay mal ni prejuicio.

La exploración

Se dice que los niños por naturaleza aprenden explorando todo aquello que les rodea. En ese sentido, ¿es lo mismo explorar un nuevo app o un dispositivo tecnológico que explorar un objeto natural? Los expertos en cognición afirman que el cerebro de los niños se desarrolla a su máximo potencial cuando ellos se involucran en actividades que estimulan sus sentidos y cuando las experiencias les hacen sentir o percibir cosas nuevas. De hecho, en ese principio se basan los centros de estimulación temprana. Se sabe que las neuronas de un bebé se activan y forman nuevas conexiones a través de la exploración de lo nuevo y lo desconocido.

En ese sentido, la diferencia que existe entre explorar un app nuevo en la tableta y explorar un animalito, es que la experiencia del app es menos enriquecedora pues los estímulos llegan solo por dos canales sensoriales (los ojos y los oídos) mientras que con un animalito o cualquier otro objeto tridimensional, la experiencia es completa. A los objetos de tres dimensiones se los puede ver, oler, tocar y a veces escuchar. La exploración de una pantalla es una experiencia de dos dimensiones mientras que el mundo que nos rodea es mucho más rico en estimulantes pues es un mundo tridimensional. Eso no significa que la exploración de una pantalla sea perjudicial, simplemente es una experiencia menos enriquecedora para las mentes en desarrollo de los bebés y niños pequeños.

El contexto

Una manera de mantener las cosas en perspectiva sobre el uso de la tecnología y terminar con el sentimiento de culpa es preguntarnos acerca del contexto. ¿Estamos permitiendo que el uso de la tecnología **reemplace** a otras experiencias potencialmente más estimulantes para nuestros hijos? Si ese es el caso, tendríamos que considerar cuáles son las razones y los factores que nos llevan a hacer eso. Si por el contrario, estamos permitiendo a nuestros hijos el uso de la tecnología como una opción más dentro de su repertorio de actividades diarias, entonces no hay porqué preocuparse. Usted no es mala madre o mal padre por exponer a sus hijos a una pantalla. Por décadas las madres hemos utilizado la televisión como una manera de obtener un descansito para poder hacer otras cosas como ir al baño, cocinar o poner la ropa en la lavadora. No lo pensábamos dos veces.

Hoy en día, sin embargo, muchas madres que sientan a sus hijos frente a una pantalla para "tomarse un descansito" albergan mucha culpa innecesaria. Es verdad que no hay mejor experiencia que la interacción, la exploración de la naturaleza y el juego libre, pero ¿usted realmente cree que 20 o 30 minutos diarios frente a una pantalla van a afectar el cerebro de su niño? Le repito, no existen pruebas científicas de que la pantalla como tal o las escenas de televisión en sí mismas hagan cosas maliciosas al cerebro humano. Lo que sí sabemos con certeza es que si se reemplaza una actividad estimulante por un programa de televisión, entonces estamos privando a nuestros hijos de alcanzar su mayor potencial tanto a nivel cognitivo, como a nivel social y motriz.

Recuerde que hoy en día la tecnología nos invade y ha venido a quedarse. El ignorar el puesto que ocupan los smartphones y tabletas en nuestras vidas sería inútil. Muchas escuelas en su afán de actualizarse con las exigencias del siglo veintiuno han incorporado más tecnología en sus salones de clase pues se ha comprobado que los niños aprenden mejor cuando se divierten, cuando se involucran en su aprendizaje y cuando la información les llega por diferentes canales sensoriales.

La tecnología ha revolucionado la educación y los educadores también han ajustado drásticamente sus métodos de enseñanza en respuesta a los avances de estos últimos años. Atrás han quedado los días en los que el maestro se paraba delante del salón a dar largas charlas sobre un determinado tema. La tecnología, tanto en el aula como en el hogar, cuando es utilizada adecuadamente y con seguridad, puede crear un mundo más interesante, un entorno interactivo en el aprendizaje se vuelve más relevante y significativo para los niños. Las aplicaciones educativas de las tabletas permiten que el niño interactúe, piense y no que sea simplemente un agente pasivo. Los juegos de estrategias permiten al niño desarrollar algunas de las mismas habilidades que ciertos juegos de mesa.

La tecnología es parte de nuestro presente y sin duda de nuestro futuro, sin embargo, muchos artículos y afiches se escriben sugiriendo que los niños no deben usarlas. Me parece que esa es una batalla perdida. Es poco realista pedir que un niño no se interese en aquello que está en su medio inmediato. No podemos pedir a nuestros hijos que no jueguen con nuestros smartphones si el ejemplo que reciben de nosotros les dice todo lo contrario. Por un lado los adultos no podemos vivir sin nuestros juguetes tecnológicos, pero por el otro, deseamos que nuestros hijos jueguen los juegos tradicionales que nosotros solíamos jugar de pequeños. Recuerde que la mejor manera de enseñar a nuestros hijos a hacer algo es hacerlo nosotros mismos, pues ellos aprenden mejor del ejemplo. De manera que si nos resulta difícil hacerlo, lo más sensato sería decidir no pelear esa batalla. En esta era donde el Facebook y el Whatsapp son parte de nuestro diario vivir, no es realista el pretender esconderlos de nuestros hijos.

El contenido

Al igual que el contexto, el contenido, es decir, aquello que se ve en la pantalla es también muy importante. Permítame ahora contarle mi experiencia personal sin pretender generalizar ni tampoco sugerir que usted haga lo mismo. Mi esposo y yo siempre hemos permitido que nuestro hijo vea la televisión, incluso antes de los dos años, pero él no ve lo que quiera. Tiene un menú de programas que le hemos presentado como opciones. Estos programas nos parecen apropiados y educativos. Nos ha causado admiración el ver la facilidad con la que nuestro hijo adquiere nuevo vocabulario en particular gracias a los programas de George el Curioso, Súper Why, además de otros videos infantiles encontrados en YouTube. Nuestro hijo a sus dos años y medio reconoce las figuras geométricas, los colores, los números del 1 al 10 y nombra por lo menos unas quince letras del abecedario. Todo esto lo ha aprendido a partir de la televisión y del iPad con apps educativos. Nunca nos ha parecido que la tecnología sea una abominación para él. Todo lo contrario, ciertos programas y apps son muy divertidos, apropiados para su edad y estamos seguros que de no existir, él no se hubiera interesado en aprender letras y números a tan temprana edad. Nadie lo ha forzado a aprender las letras, de la misma manera que no lo forzamos a ver la televisión ni a jugar en el patio. Si él quiere el iPad, nos lo pide, si ya se aburrió el, se va a jugar algo más. No hay batallas ni peleas por su uso. El uso de la televisión o del iPad no lo previenen de explorar y jugar otras cosas pues la tecnología no ocupa más que una pequeña parte de su día. Este parece ser el caso en la mayoría de familias también. Los niños antes de la edad escolar naturalmente prefieren jugar otras cosas antes que ver la televisión, y si ven la televisión, lo hacen por no más de 20 o 30 minutos en una sentada pues no tienen la capacidad de mantener la atención por mucho tiempo.

Tal vez más importante que batallar con nuestros hijos y con nuestras propias conciencias sobre el uso de la tecnología, es pensar en nuestra propia dinámica familiar. En un hogar donde ambos padres trabajan y tienen tiempo contado con sus hijos cada noche, ese tiempo sería mejor utilizado al compartir una comida juntos y jugar, dejando la tecnología como una opción durante las horas de la mañana. En un hogar donde uno de los padres está en casa a tiempo completo, la televisión constituye una magnífica manera de tomarse un merecido descanso y de proveer a los niños con algo más en su lista de actividades diarias. Ese descanso que usted se toma, ayudará a la vez a que la madre o el padre en casa satisfagan de mejor manera las necesidades de sus hijos en vez de acumular cansancio y resentir el hecho de que su vida no es nada normal. A pesar de que las recomendaciones sean dadas en forma general para todos los padres, resulta más beneficioso pasar esa recomendación por el filtro de su propia situación, antes que dar paso a la tensión y al estrés ante la imposibilidad o la dificultad de acatar una recomendación de esa índole. Solo usted sabe cuál es su caso particular y que rol juega la tecnología en su vida familiar.

BIBLIOGRAFIA

Ainsworth, M. D. S., y Bell, S. M. (1970). Attachment, exploration, and separation: Illustrated by the behavior of one-year-olds in a strange situation. *Child Development, 41,* 49-67.

American Academy of Pediatrics (2013). Ages & Stages: feeding & nutrition. Consultado en Noviembre del 2014 http://www.healthychildren.org/English/ages-stages/baby/feeding-nutrition/Pages/default.aspx.

American College of Obstetricians and Gynecologists, (2013). Nonmedically indicated early-term deliveries. Committee Opinion No. 561. *Obstet Gynecol ;121*: 911–5.

Baldwin, E.N. (1993). Extended Breastfeeding and the Law. *Mothering* ;66:88.

Baumrind, D. (1966). Effects of Authoritative Parental Control on Child Behavior, *Child Development, 37(4),* 887-907.

Baumrind, D. (1967). Child care practices anteceding three patterns of preschool behavior. *Genetic Psychology Monographs, 75(1),* 43-88.

Bayer, A. (s.f.) What should a 4 year old know? *The Magical Childhood.* Consultado en Junio del 2014 , de http://www.magicalchildhood.com/articles/4yo.htm

Benavides J. y Roncacio M. (2009). Conceptos de desarrollo en estudios sobre la Teoría de la Mente en las últimas tres décadas. *Avances en Psicología Latinoamericana, 27, 2.*

Bialik, M. (2012).Beyond the sling : a real-life guide to raising confident, loving children the attachment parenting way. New York : Simon & Schuster.

Bostock, J. (1962). Evolutional approach to infant care. *The Lancet, 1*:1033–1035.

Bowlby, J. (1988). A secure base: Parent-child attachment and healthy human development. New York: Basic Books

Butte N.F., Hopkinson J.M., Wong W.W. (2000): Body composition during the first2 years of life: an updated reference. *Pediatr Res; 47* :578–585

Caldera, Y.M., Culp, A.M., O'Brien, M., Truglio, R.T., Alvarez M., y Huston, A.C. (1999). Children's Play Preferences, Construction Play with Blocks, and Visual-spatial Skills: Are they Related? *International Journal of Behavioral Development; 23 (4):* 855-872.

Clark, D., Kreutzberg, J., y Che, F. (1977). Vestibular stimulation influence on motor development in infants. *Science; 196*:1228-1229.

Drago, D. A. y Dannenberg, A. L. (1999) .Infant Mechanical Suffocation Deaths in the United States, 1980-1997, *Pediatrics 103*, (5): e59.

Denham, S.A., Mitchell-Copeland J., Strandberg K., Auerbach S. y Blair, K. (1997). Parental contributions to preschoolers' emotional competence: Direct and indirect effects. *Motivation and Emotion 21*:65–86.

Dewar, G. (2014). The science of attachment parenting. Consultado en noviembre del 2014 de http://www.parentingscience.com/attachment-parenting.html

Dewey, K.G., (2001). Nutrition, Growth, and Complementary Feeding of the Breastfed Infant. *Pediatric Clinics of North American.;48(1).*

Dunstan, P. (2012). Calm the Crying: The Secret Baby Language That Reveals the Hidden Meaning Behind an Infant's Cry. New York, N.Y. Avery.

Field, T. (2010). Touch for socio emotional and physical well-being: A review. *Developmental Review, 30(4)*, 367-383.

Freire, W.B., Ramírez, MJ., Belmont, P., Mendieta, MJ. Silva, MK., Romero, N. Sáenz, K. Piñeiros, M., Gómez LF., Monge, R. (2013). Resumen Ejecutivo. Tomo I, Encuesta Nacional de Salud y Nutrición del Ecuador. ENSANUT-2011-2013. *Ministerio de Salud Pública/ Instituto Nacional de Estadísticas y Censos.* Quito-Ecuador.

Geber, M. (1958). The psycho-motor development of African children in the first year , and the influence of maternal behavior. *Journal of Social Psychology, (47).*

González, C. (1999) Mi niño no me come. Ediciones Temas de Hoy.

Graham, L. (2008) The Neuroscience of Attachment Clinical Conversation at the Community Institute for Psychotherapy. Consultado en septiembre del 2014 en http://lindagraham-mft.net/resources/published-articles/the-neuroscience-of-attachment/

Granju, K.A. y Kennedy, B.(1999) Attachment parenting : instinctive care for your baby and young child. New York : Pocket Books.

Gribble, K.D., (2007).A model for caregiving of adopted children after institutionalization', *Journal of Child and Adolesent Psychiatric Nursing, 20 (1)*:14-26.

Guernsey L. (2012). Screen Time: How Electronic Media--From Baby Videos to Educational Software--Affects Your Young Child. Edición Kindle.

Gutiérrez, J.P., Rivera-Dommarco, J., Shamah-Levy, T., Villalpando-Hernández, S., Franco, A., Cuevas-Nasu, L., Romero-Martínez, M., Hernández-Ávila, M. (2013). Encuesta Nacional de Salud y Nutrición 2012. Resultados nacionales. 2a. ed. Cuernavaca, México: *Instituto Nacional de Salud Pública (MX).*

Henderson, J. France, K.,Owens, J,L., Blampied, N.,M., (2010). Sleeping Through the Night: The Consolidation of Self-Regulated Sleep Across the First Year of Life. *American Academy of Pediatrics. 126(5).*

Hunziker, U.A. y Barr, R.G. (1986). Increased Carrying Reduces Infant Crying: A Randomized Controlled Trial. Pediatrics 77 (5): 641 -648.

Iacovou, M., y Sevilla, A. (2013). Infant feeding: the effects of scheduled vs. on-demand feeding on mothers' wellbeing and children's cognitive development. *Eur J Public Health. 23(1)*:13-9.

Johnson S.B., Riley A.W., Granger D.A., Riis J. (2013).The science of early like toxic stress for pediatric practice and advocacy. *American Academy of Pediatrics, 131 (2).*

Karlson, E.W., Mandl, L.A., Hankinson S.E., Grodstein F. (2004).Do breast-feeding and other reproductive factors influence future risk of rheumatoid arthritis? Results from the Nurses' Health Study. *Arthritis Rheum, 50(11)*:3458-67.

Kerns, K.A., Abraham, M.M., Schlegelmilch, A., and Morgan T.A. (2007).Mother-child attachment in later middle childhood: assessment approaches and associations with mood and emotion regulation. *Attach Hum Dev. 9(1)*:33-53.

Kochanska, G. y Murray, K.T. (2000). Mother-child mutually responsive orientation and conscience development: from toddler to early school age. *Child Development, 71(2)*: 417-431.

Krevans, J y Gibbs, J.C. (1996). Parents' use of inductive discipline: relations to children's empathy and prosocial behavior. *Child Development, 67*: 3263-77.

La Leche League International (s.f.)Breastfeeding Beyond One Year, from. Consultado en Agosto, 2014 de http://www.lalecheleague.org/nb/nbsepoct07p196.html

Lee, S.Y., Kim, M.T., Kim, S.W., Song, M.S., Yoon, S.J. (2003) Effect of lifetime lactation on breast cancer risk: A Korean Women's Cohort Study. *Int J Cancer, 20; 105(3)*:390-3.

Littlefield, T.R. (2003). Car Seats, Infant Carriers, and Swings: Their Role in Deformational Plagiocephaly. *Journal of Prosthetics & Orthotics 15 (3)*: 102-106.

Luby, J.L., Barch, D.M., Belden, A., Gaffrey, M.S., Tillman, R., Babb, C., Nishino, T., Suzuki, H., Botterin, K.N. (2012)Maternal support in early childhood predicts larger hippocampal volumes at school age. *Proc Natl Acad Sci* 109(8): 2854–2859. Publicado en linea Enero 30, 2012. doi: 10.1073/pnas.1118003109

Maccoby, E.E. y Martin, J.A. (1983) Socialization in the context of the family: Parent–child interaction. In P. H. Mussen (ed) y E. M. Hetherington , *Handbook of child psychology: 4.* Socialization, personality, and social development , 4ta edición: 1-101. New York: Wiley.

McKenna, J.J. y Gettler, L.T. (2010).Co-Sleeping, Breastfeeding and Sudden Infant Death Syndrome, *Encyclopedia on Early Childhood Development [enlinea].*

Markel, S. (2010) What Your Pediatrician Doesn't Know Can Hurt Your Child: A More Natural Approach to Parenting. BenBella Books.

Miller, P.M. y Commons, M.L. (2010). The Benefits of Attachment Parenting for Infants and Children: A Behavioral Developmental View, *Behavioral Development Bulletin, 10.* Consultado en Octubre del 2014 de *http://www.baojournal.com/BDB%20WEBSITE/BDB-no-10/A01.pdf*

Mohrbacher, N. y Stock, J. (2003) *The Breastfeeding Answer Book,* Third Revised ed. Schaumburg, Illinois: La Leche League International.

Morgan, B.E., Horn, A.R. y Bergman , N.J. (2011) Should Neonates Sleep Alone? University de Cape Town, Western Cape, South Africa. *Biological Psychiatry, 70,* 9.

Newman, J. (2005) Breastfeeding - Starting Out Right, *The Natural Parenting Project.* Consultado en diciembre del 2014 de http://www.naturalchild.org/guest/jack_newman.html

Newman, J. (2005).The Importance of Skin to Skin Contact, *The Natural Parenting Project,* Consultado en diciembre del 2014 en *http://www.naturalchild.org/guest/jack_newman2.html*

Newton, Ruth P. (2008).The attachment connection: parenting a secure & confident child using the science of attachment theory. Newton Oakland, CA: New Harbinger Publications.

Nicholson, B. y Parker L. (2013) Attached at the heart: eight proven parenting principles for raising connected and compassionate children: (from preconception to age five).Deerfield Beach, Florida : Health Communications, Inc.

Orchard, F. (2014) Los 15 mitos más comunes sobre la lactancia materna en Emol.com, sitio de noticias online de Chile , Consultado en noviembre del 2014 de http://www.emol.com/tendenciasymujer/Noticias/2014/05/09/25472/Los-mitos-comunes-sobre-la-lactancia-materna.aspx

Pantley, E. (2002) The No-Cry Sleep Solution: Gentle Ways to Help Your Baby Sleep Through the Night. McGraw-Hill.

Pantley, E. (2002). Felices Sueños. McGraw-Hill / Interamericana de España S.A.U. |

Pearce, J.C. (1992). The Magical Child. Penguin Group.

Rapley, G. & Murkett, T. (2005). Baby Led Weaning: the essential guide to introducing solid foods and helping your baby to grow up a happy and confident eater. New York, NY: The experiment, LLC.

Red Canguro: Asociación Española por el Fomento del Uso de Portabebés. Consultado en noviembre del 2014 en http://redcanguro.org/

Robinson, K. (1999). All Our Futures: Creativity, Culture and Education Report. National Advisory Committee on Creative and Cultural Education. Consultado en diciembre del 2014 en http://sirkenrobinson.com/pdf/allourfutures.pdf

Rosenblatt, K.A., Thomas, D.B., y the WHO (1993) Collaborative study of neoplasia and steroid contraceptives. Lactation and the risk of epithelial ovarian cancer. *International J Epidemiol, 22*:192-7.

Sears, W. y Sears, M. (2003). The Baby Book: Everything You Need to Know About Your Baby From Birth to Age Two, 2da edición. Boston : Little, Brown.

Sears, W. (2001). The attachment parenting book: a commonsense guide to understanding and nurturing your baby. Boston : Little, Brown.

Sharma, A., Dee, D., Harden, S. Andrea, J. (2014)Adherence to Breastfeeding Guidelines and Maternal Weight 6 Years After Delivery. *Pediatrics.*

Stevenson, H.W., y Lee, S.Y. (1990).Contexts of achievement: a study of American, Chinese, and Japanese children. *Monogr Soc Res Child Dev. 55(1-2)*:1-123. Consultado en octubre del 2014 en http://www.parentingscience.com/benefits-of-play.html#sthash.6PSK54Iw.dpuf

Stuebe, A.M., Schwarz, E.B., Grewen, K., Rich-Edwards, J.W., Michels, K.B., Foster, E.M., Curhan, G., Forman, J. (2011) Duration of lactation and incidence of maternal hypertension: a longitudinal cohort study. *Am J Epidemiol [enlinea]. 15;174(10):*1147-58.

Stuebe, A.M., Rich-Edwards, J.W., Walter, C.,Willett, M.D., Manson J.E., Michels, K.B. (2005). Duration of lactation and incidence of type 2 diabetes. *Journal of American Medical Association, 294(20):*2601–2610.

The American Academy of Family Physicians (AAFP) www.aafp.org

Törngren P. (2012) Kangaroo Mother Care: The Magic of a Mother's Touch *The Natural Parenting Project*

Townsend E., y Pitchford N. J., (2012). Baby knows best? The impact of weaning style on food preferences and body mass index in early childhood in a case-controlled sample. Consultado en Enero del 2015 en http://bmjopen.bmj.com/content/2/1/e000298

Tsabary S. (2010) The Conscious Parent: Transforming Ourselves, Empowering Our Children. Namaste Publishing.

UNICEF - Ecuador, Mitos y realidades de la lactancia materna Consultado en diciembre del 2014 en http://www.unicef.org/ecuador/Mitos_de_la_lactancia_materna.pdf

University at Buffalo. (2013). Babies born at 37 and 38 weeks at higher risk for adverse health outcomes. *ScienceDaily.* Consultado en noviembre 2014 en www.sciencedaily.com/releases/2013/10/131002092633.htm

Wiklund, P.K., Xu, L., Wang, Q., Mikkola, T., Lyytikäinen, A., Völgyi, E., Munukka, E., Cheng, S.M., Alen, M., Keinänen-Kiukaanniemi, S., Cheng, S.(2012).Lactation is associated with greater maternal bone size and bone strength later in life. *Osteoporos Int.* 23(7):1939-45.

Wolfgang, C.H., Stannard, L.L., y Jones, I. (2001). Block play performance among preschoolers as a predictor of later school achievement in mathematics. *Journal of Research in Childhood Education, 15(2),* 173-180.

Wood, R., Mahr, T. (2014) Division of Allergy and Immunology, Johns Hopkins Children's Center; *American Academy of Pediatrics Section on Allergy & Immunology.*

www.ingramcontent.com/pod-product-compliance
Lightning Source LLC
Chambersburg PA
CBHW070352290526
45790CB00004B/1461